大夏书系·名校教育探索

立德树人：
从故事到课程

陈燎原　编著

华东师范大学出版社
全国百佳图书出版单位
·上海·

图书在版编目（CIP）数据

立德树人：从故事到课程／陈燎原编著 . —上海：华东师范大学出版社，2022
ISBN 978-7-5760-3395-3

Ⅰ.①立…　Ⅱ.①陈…　Ⅲ.①地方教育—发展—研究—晋江　Ⅳ.① G527.574

中国版本图书馆 CIP 数据核字（2022）第 214510 号

大夏书系·名校教育探索

立德树人：从故事到课程

编　　著	陈燎原
策划编辑	林茶居
责任编辑	万丽丽
责任校对	杨　坤
装帧设计	吴元瑛

出版发行　华东师范大学出版社
社　　址　上海市中山北路 3663 号　　邮编　200062
网　　址　www.ecnupress.com.cn
电　　话　021-60821666　　行政传真　021-62572105
客服电话　021-62865537
邮购电话　021-62869887　　地址　上海市中山北路 3663 号华东师范大学校内先锋路口
网　　店　http：//hdsdcbs.tmall.com/

印 刷 者　北京季蜂印刷有限公司
开　　本　700×1000　16 开
印　　张　12.5
字　　数　185 千字
版　　次　2022 年 12 月第一版
印　　次　2022 年 12 月第一次
印　　数　6 100
书　　号　ISBN 978-7-5760-3395-3
定　　价　49.80 元

出 版 人　王　焰

（如发现本版图书有印订质量问题，请寄回本社市场部调换或电话 021-62865537 联系）

目　录

自序　石鼓志　/001

第一辑　立德树人与文化故事

晋江一中的文化故事，根植于真实的文化生活、社会生活、校园生活，有丰富的细节和深刻的情思。文字记录之，口头讲述之，多媒体展示之，是为"文"；具有感染人、启发人、教化人的特点和功能，是为"化"——故称之为"文化故事"。

文化故事的内涵与价值　　　　　　　　　　　　/003

　　为什么是文化故事　　　　　　　　　　　　　/003

　　从文化故事到故事文化　　　　　　　　　　　/006

　　讲文化故事，促校风建设　　　　　　　　　　/010

　　文化故事为什么可以育人　　　　　　　　　　/015

文化故事在立德树人中的展开　　　　　　　　　/022

　　有教育梦想就有好故事　　　　　　　　　　　/022

　　我们不一样　　　　　　　　　　　　　　　　/034

第二辑 文化故事的教育涟漪

十多年来，晋江一中人人讲述文化故事，时时分享文化故事。一阵阵文化故事的涟漪，荡漾于晋江一中优美的教育之水面，并参与到晋江教育发展和"晋江经验"的汹涌大潮中。

赞赏：教职工文化故事　　　　　　　/043

　行走在路上的教研　　　　　　　　/043

　石鼓山上的胡子大哥　　　　　　　/045

　绿叶的故事　　　　　　　　　　　/046

　咱的老头　　　　　　　　　　　　/048

　石鼓山上的大"师"　　　　　　　/050

讲述：学生文化故事　　　　　　　/054

　每日两讲　　　　　　　　　　　　/054

　"国旗下讲话"　　　　　　　　　/060

母校：校亲文化故事　　　　　　　/065

　利郎：从中国走向世界

　　——记晋江一中首届校董会发起人王冬星　/065

　"安踏体育"上市操盘手

　　——记晋江一中首届校董会发起人赖世贤　/068

　一路成长，感谢有你　　　　　　　/071

　用心·爱心·细心　　　　　　　　/072

　晋江一中校车服务专线　　　　　　/073

学科：课堂文化故事 /076

 语文：苏轼快吃粗涩面条 /076

 数学：更多的"期望" /078

 政治：电车难题 /080

 历史：英国的国王和首相 /084

 地理：小岩浆的童话 /086

 生物：发现促胰液素 /089

 音乐：为什么命名为《二泉映月》 /093

管理：校务委员文化故事 /096

 整个高三复习备考的"根"在学校 /096

 我和祝正勇老师 /098

 "我们已经好久没有营业了" /100

 五项管理 /101

 2018，高中毕业典礼 /103

 没有小事，都是大事 /105

 一个空座位 /106

 最后一位 /108

 一节洗脸课 /109

第三辑　素养梯度与文化故事

晋江一中将素养梯度目标的实施与文化故事进行课程整合，建立素养梯度目标达成的评价体系，引导和鼓励学生书写素养梯度目标达成过程中的文化故事，记录自己学习、生活、成长的重要节点和主要事件。

素养梯度目标的意义与实施　　　　　　　　/115

　　素养梯度目标的内容阐释　　　　　　　　/115

　　素养梯度目标的课程体系　　　　　　　　/117

　　素养梯度目标的实践活动　　　　　　　　/118

素养梯度目标的文化故事　　　　　　　　/121

　　初一　热情与态度：书房的故事，家风的故事　　/121

　　初二　目标与守则：班风的故事，学风的故事　　/124

　　初三　涵养与眼量：大楼的故事，素养的故事　　/127

　　高一　人格与修养：榜样的故事，晋江人的故事　/129

　　高二　抱负与价值观：价值观的故事，学科的故事　/132

　　高三　信仰与情操：信仰的故事，石鼓山的故事　/135

第四辑　立德树人视野下的抗疫课程

"防控绷住劲，教学精准劲。"晋江一中严格遵循立德树人的目标与任务要求，精选优质资源，精心编制课程，努力将新冠肺炎疫情对办学、教学的影响降到最低，稳住学生的学习质量这个基本盘，既保障师生的身心健康，又保证线下线上教学的有序衔接。

居家创美　　　　　　　　　　　　　　　　　　/141

　　课程方案　疫情期间，创造美好的家庭生活　　　/141

　　成果例举1　书山有路，食海无涯　　　　　　　/143

　　成果例举2　非常时期的我　　　　　　　　　　/145

天佑中华　　　　　　　　　　　　　　　　　　/147

　　课程方案　疫情未退……　　　　　　　　　　　/147

　　成果例举1　最美的隔离——给战疫妈妈的信　　/150

　　成果例举2　延迟开学，不延迟我的成长　　　　/154

白云祭　　　　　　　　　　　　　　　　　　　/155

　　课程方案　清明云上祭　　　　　　　　　　　　/155

　　成果例举1　那开满山头的刺桐花　　　　　　　/157

　　成果例举2　我心清明　　　　　　　　　　　　/158

劳动工具　　　　　　　　　　　　　　　　　　/160

　　课程方案　我与工具　　　　　　　　　　　　　/160

　　成果例举1　我当小茶农　　　　　　　　　　　/162

　　成果例举2　文火慢炖一辈子　　　　　　　　　/164

学党史·访家史 /166

　　课程方案　叩响历史的回声 /166

　　成果例举 1　璀璨的铀花 /168

　　成果例举 2　我不是王融生 /170

　　成果例举 3　我的外公 /173

圆圆的中秋 /176

　　课程方案　创意度中秋 /176

　　成果例举 1　串戏 /177

　　成果例举 2　新"六一居士" /182

　　成果例举 3　学生，亦是匠人 /185

自序

石鼓志

2007 年，我调任福建省晋江市第一中学（本书简称"晋江一中"）校长。晋江，即习近平总书记担任福建省省长期间，总结、提炼出来的"晋江经验"的发源地，隶属于 21 世纪海上丝绸之路先行区、世界遗产城市、别称刺桐城的泉州。

晋江一中创办于 1952 年，地处市区的石鼓山。来到这里之前，我先后在乡镇学校金山中学、侨声中学当校长。这次调任，可谓"进城赶考"。当时，学校处于历史低谷，亟待开启新征程，重写石鼓志。

8 月 14 日，我发表了就职演说，提出"看起点、比进步、论贡献"的评价原则，引导教师正确、客观地评价与自我评价，提振办学士气，激发奋斗精神。由是，2007 年成为"士气提升年"。

2008 年，是"制度建设年"。基于新的社会大势和教育大局，我们确立了"学生第一"为晋江一中的办学理念，以重建学校文化，培育核心力量。我主持制定了《教师教学绩效考核方案》等规章，推行教师发展性激励评价机制；主持推出《学生学业水平评价手册》等规章，以"优点单"引导学生自我发现，培养学习、成长信心。这一年，我应邀到华东师范大学讲学。我以"撬动学生成长的杠杆"为题，阐述了自己的教育实践与思考，并参与了相关的对话活动。

2009年，是"质量提升年"。我们以复办初中为契机，转变观念，不断深化教学改革和课程结构改革，构建"以校为本"的教研制度；内强素质，努力打造一支素质优良、结构合理的教师队伍；以德立校，结合"书香校园"建设和"文化故事"系列活动，提高学校德育的针对性和实效性。

2010年，是"系统治校年"。我担任校长之后的首届高中毕业生，高考成绩取得重大突破；晋江市副市长夜访学校，对我们的办学成效予以充分肯定。这一年，我厘清、提炼、确立了一套"治校话语系统"：一是学生发展话语系统，即"三会三自""三会三高"；二是教师教学话语系统，即"三问三解""三进三出"；三是学校建设话语系统，即"五校五园"。一系列明晰的概念和通俗易懂的话语，贯通了师生生活，关联了教育教学，获得了广泛认同，产生了良好的效应，并不断创生新的概念、新的话语。我的教育梦想也由此而更加清晰。

2011年，是"教育品牌年"。我们提出培养"负责任、有作为"的现代公民之目标，进一步细化"学生第一"的内涵，实施"五项管理"机制。"五项管理"即心态管理、目标管理、行动管理、时间管理、学习管理。积极创建"省德育先进学校"，深化素质教育，确保教学质量走在同类学校前列；提升办学品位，彰显"一中"特色，打造"一中"品牌，努力把晋江一中打造成特色学校和品牌学校。

2012年，是"校庆文化年"。为迎接建校60周年，校友、校董捐赠5000万元；校园"九大工程"改造投入1.3亿元，改建6万多平方米，扩容近40亩，三大校门分别命名为"北大门""清华门""南开门"。发掘、梳理、整合"石鼓文化"，创办"石鼓讲坛"和"石鼓小报"，为教师创造发表言论、交流思想的阵地；集思广益，组织命名"石鼓十景"，丰富校园景观的教育内涵并使之体系化；编辑出版文化故事丛书"石鼓山的故事"共6册，强化文化认同，凝结共同记忆。

2013年，是"联合办学年"。晋江一中和晋江市华侨中学组成教育联盟，实行"师资互派、资源共享、统一教学、捆绑考核"的管理模式。两校齐心协力，整合资源，问题教学推动，教研活动互动，团队活动启动，各个合作项目不断深化，办学成效广受赞誉。

2014年，是"书屋活动年"。当年"世界读书日"前夕，我们从大教育观出发，以大语文观为坐标，发起了"设立家庭书屋"的倡议，并做好顶层设计，具体落实"十个一"，即一间书屋、一个书架、一张书桌、一盏台灯、一批藏书、一种命名、一句格言、一篇故事、一次读书讨论会、一场主题读书交流会。"十个一"涉及学生个人、学生家庭、班级、学校等各个层面，聚力"书香学子"，联动"书香家庭""书香校园""书香社会"，在为学校发展注入新内容、新活力的同时，也服务于社区家风建设和城市文化建设。

2015年，是"学科哲学年"。基于对学科品质和教学质量的追求，我们开始探索、实践"学科哲学"。在教与学的过程中，强调学科思维，追问学科本质，培养复活学科知识的能力和贯通不同学科的知识网络的能力，学会跨学科学习，形成一定的学科思维方法和学科素养。

2016年，是"哲学治校年"。我们在"学科哲学年"的基础上，进一步实施"哲学治校"，即以哲学的世界观、方法论，优化、提升学校管理，聚焦"六校"（改革创新示范校、学科哲学样板校、心理健康教育示范校、学生实践活动先进校、信息技术示范校、教育管理联盟校）建设，形成独具特色、充满活力的"校立方"。五年后的2021年，以"哲学治校"为主题和主线的拙著《建一所有哲学追求的学校》，由华东师范大学出版社出版发行。

2017年和2018年，是"示范评估年"。我们坚定了"哲学治校"办学理念，提升了管理效益；优化了"学科哲学"实施机制，促进了教学相长。2017年12月，学校以"99+3"的全省最高分通过了"示范高中建设校"的评估验收。

2018年2月，承办福建省高中毕业班教学工作培训班活动；5月，迎来教育部高考综合改革基础条件评估组的调研。科研成果"高中学科哲学建设与学科核心素养培养"和"教师教学绩效考核"先后获得福建省基础教育教学成果奖一等奖。延续历年来的优良表现，2018年高考，总平均分居晋江市第一，提升率居同类校第一；文理科600分以上合计81人（考生683人），占晋江市的25%，其中，一名学生取得了泉州市理科第一名的佳绩。这一年，我在华东师范大学出版社编辑、出版的《教师月刊》上，发表了自认为比较重要的文章《建一所有哲学追求的学校》。

2019年是"校亲助力发展年"，2020年是"线上线下夺标年"，2021年是"文明校园创建年"，它们既呼应着不同的年度发展主题，又延续着"学生第一"、立德树人的时代命题。这几年，学校高考质量继续稳居泉州市前列：2019年，725名考生中，600分以上87人，本一上线率突破70%（71.8%）；6名同学被清华、北大录取。2020年，698名考生中，有222名被"双一流"院校录取。2021年，成绩同样喜人，665名考生中，600分以上139人，212人被"双一流"院校录取，其中3人进入清华、北大，2人被香港大学录取，另有2人分别被美国加州大学伯克利分校和纽约大学录取。

一年一"年"，并非各自为政，而是相互贯通，逐步拓展、深化、提升，让立德树人之树愈来愈枝繁叶茂。仿若水到渠则成，就像春暖花即开，于我们而言，高考成绩正是这棵教育之树结出来的果实。果实很饱满，很甜蜜，叶间、枝头更有无数风光。所以我觉得，教育力即生命力，反之亦然。

2022年，我们迎来建校70周年的日子，于是，"鼓春校庆提质年"成为新的年度主旋律："鼓春"是70周年庆典的主题，"鼓春"即鼓舞春之期许、鼓动春之想象、鼓劲春之播种、鼓乐春之飞翔；"提质"是70周年庆典的目标，是新一轮发展的基础，是优化现有资源、凝聚更多力量的动能。又一批学子，为学校贡献了"成长大礼包"。这一年，700人参加高考，学校取得了历史性的"大丰收"：物理方向有5人进入省前100名，历史方向有4人进入省前50名，合计9人，位居全省第五；186人超600分，特控线上线率物理方向84.77%、历史方向69.23%；包括进入清华、北大的7人在内，共有313人被"双一流"院校录取。

学校是什么？学校除了是师生学习、成长的场所，还是校园里每一个人知识共享、精神互惠、生命交往的地方。什么是学校？学校因为拥有家庭、社区所无法替代的能量场和专业性力量而成为学校。学校贡献什么？学校作为教育（学术、文明）共同体，让社会福祉变得更加完整、公平、可持续。

近几年，晋江一中先后获得福建省文明学校、福建省师德建设先进集体、教育部教育信息化试点校等15项省部级以上荣誉称号。晋江一中、华侨中学、中远学校联合办学成效显著，"一中联盟"已然形成，各种立德树人的经验、方法、工具不断涌现，日益丰富，得到《中国教育报》《福建日报》《福建教育》《泉州晚报》《晋江经济报》等各级各类媒体的持续关注。

先哲柏拉图说："……只有科学地认识自我、正确地设计自我、严格地管理自我，才能站在历史的潮头去开创新的人生。"于我而言，这是很好的提醒和激励。我任职晋江一中，已经 15 年。这是我的教育之路上非同寻常的 15 年：我的教育理想，有了更肥沃的扎根的土壤和更有力的实现的抓手；我的教育经验，有了进一步的总结、提炼，初步形成了自己的逻辑框架和话语体系；尤其是，我的教育人生，因为得以和一中的同事们相伴成长，得以和一批批的一中学子共筑未来，得以和世界各地的一中校亲们同心圆梦，而更具意义，更有勃勃生机。

不管是出版的专著，还是发表的文章，我都曾以"建一所有哲学追求的学校"为题。在办学理念上，它由"学生第一"概览；在课堂教学上，它由"学科哲学"落实；在学校活动中，它由"文化故事"叙说。这些年，我的教育理想就在其中展开，我的教育经验就在其中凝聚，我的教育人生就在其中显明。

初心不变，使命长存，为党育人、为国育才的担当愈来愈明确、坚定。不管是发展中的问题、改革中的困惑，还是解决问题后的成果结晶、走出困惑后的思想升华，都会转化为前行路上的新路标、新动力。我将不懈追求，不负岁月，以爱为笔，以智慧为墨，更好地擘画石鼓图，书写石鼓志。

陈燎原
记于晋江石鼓山，时 2022 年国庆期间

第一辑

立德树人与文化故事

中华文化有两个重要传统：一是诗词传统，一是故事传统。我们既要有诗词，也要有故事。

从先秦古籍如《山海经》《左传》《吕氏春秋》，汉代的《史记》《汉书》，唐代的传奇，到宋代"勾栏瓦肆"的说书艺人，故事文化的传承培育了富有中国特色的故事艺术传统。中国故事根植于儒家文化传统，又吸收了佛教传奇的精髓，深蕴劝诫、教化的诉求和惩恶扬善的意义，根本上也是一种对和谐的社会结构和伦理关系的文化向往。而故事文化精神的集中体现，正是最重要的教育理念之一：寓教于乐。

石鼓山上，晋江一中。"文化故事"一词，既包含我们对中国故事文化传统的传承与尊重，亦包含我们立德树人的教育理想和专业追求，是我们落实"学生第一"办学理念、"学科哲学"育人理念的载体和抓手。

晋江一中的文化故事，根植于真实的文化生活、社会生活、校园生活，有丰富的细节和深刻的情思。文字记录之，口头讲述之，多媒体展示之，是为"文"；具有感染人、启发人、教化人的特点和功能，是为"化"——故称之为"文化故事"。

需要说明的是，为使行文更为准确，有些地方"文化故事"亦作"校园文化故事"；又或，为使行文更为简洁，有些地方"文化故事"亦作"故事"。

文化故事的内涵与价值

▓▓ 为什么是文化故事

　　2009 年 12 月 5 日，应教育部基础教育司高中处之邀，我和苏锦明老师前往华东师范大学为全国课程改革样本校第 10 期校长培训班作专题讲座《让"优点单"亮起来》。在飞机上，苏锦明老师从航空读物里读到了一个故事——《卖瓜子的母子》，大致内容是：航天英雄翟志刚，出生于黑龙江省龙江县的一个贫寒家庭，上学期间，每天放学以后都帮妈妈炒瓜子、卖瓜子……

　　苏锦明老师深受感动，灵感顿时迸发：教育就是讲故事。教育不能空洞地说教，而要晓之以理，动之以情，喻之以故事。故事虽短小，但"滴水见太阳"；故事虽平凡，但能荡起情感与思想的波澜，产生影响力、冲击波。

　　这事儿看似偶然，实则其来有自。因为我们本来就一直在寻求一个合适的载体，可以融会立德树人的智慧与方法，使德育具体化，使学科教学更具有效性，并能不断拓展学校活动、师生交流、家校共育、校（学校）社（社会）互信的途径与空间。于是，从故事，到教育故事、校园故事，再到文化故事，一个概念慢慢清晰、凸显，慢慢融入了福建省晋江一中的办学格局和育人智慧。2013 年，晋江一中与晋江市华侨中学联合办学后，文化故事也逐渐渗入了晋江市华侨中学的教书育人全过程。

具体说来，主要有三个方面的因素。

一、文化故事，源于地域文化

福建晋江，一座历史文化名城。唐开元六年（718 年）始建晋江县，为历代州治、府治首邑。晋江人才辈出，是全国 18 个千人进士县（市）之一。著名政治家曾公亮、欧阳詹，军事家俞大猷、施琅，哲学家蔡清、陈琛，文学家王慎中，书法家张瑞图等，在晋江留下了深厚的历史文化积淀。晋江是闽南乡土文化最为丰富的区域之一，既有古老的海洋文化，也有异军突起的现代企业文化。2022 年 3 月在央视首播的 35 集电视连续剧《爱拼会赢》正是取材于晋江；晋江，还是时任福建省省长的习近平总书记所总结并提出的"晋江经验"的发源地。

丰富的历史故事、名人故事代代相传，民间各种晋江人下南洋、过"大员"开疆辟土的故事不断激励着后人，当代晋江人的创业兴业故事、扶贫济困故事、助教助学故事等，更是为我们讲述新时代中国故事和新时代晋江故事提供了生生不息的资源。

二、文化故事，来自办学理念

每一所学校的发展史都是一部故事史，每个人都有一本属于自己的"故事集"。晋江一中有着悠久的办学历史。一代代"一中人"用自己的生命故事诠释着校训"诚严勤毅"的内涵，积淀了丰厚的人文底蕴。2009 年，学校提出"学生第一"的办学理念，其基本含义是：我是晋江第一中学学生，一中以学生为首位，一中学生追求卓越，一中学生素质优秀。

这些含义，接续学校传统，呼应当下关切，指向未来发展，本身就是一套完整的育人体系，为文化故事的不断生成和文化故事作为育人方式的实施，提供了丰富的可能。我们注重生动的情节、感人的表述、充分的分享、有效的转化，师生爱讲、喜听、记得牢，也感到有用，在实践中产生了强烈的吸引力、感染力和推动力。

三、文化故事，服务师生发展

1. 德育情感化

教育要动之以情，喻之以理，导之以行。文化故事都是发生在校园里、课堂上的事，发生在你我身边的事，那样熟悉，那样亲切。文化故事，因为亲切，给人以感动；因为感动，给人以激励。文化故事，因为真实，给人以思考；因为思考，给人以引导。德育不能一味说教，而应该以适合学生、学生也乐于接受的方式进行交流、沟通。文化故事正是这样的一种方式，或者说，文化故事让德育情感化。撰写、讲述、倾听文化故事的过程，也是一个情感体验的过程。德育以文化故事的方式进行，更容易达成育人目标。

2. 课堂生态化

课堂教学是师生人生中一段重要的生命历程。课堂上分享文化故事，是心灵对心灵的召唤、生命对生命的观照。同时，文化故事可以提供形象的教学情境，有助于学生在自我与世界、文本与生活之间灵活切换，使二者彼此贯通、呼应，推动课堂走向生态化。师生的日常教学生活，也可以演绎为一个个动人的故事，并成为新的教学资源。这样的课堂，更富于生活味和人文性，因此也更富于情感含量和知识容量。

3. 思维多样化

与一般的知识学习不同，讲、听文化故事，学生得以在一定的故事情景中，去感悟，去体验，进而得出自己的结论。所以，文化故事既是知识学习的一部分，也是对知识学习的有效补充。不管是教师还是学生，讲、听文化故事，一般都会调动自己的生活经历，唤醒自己的生活经验，并拓宽或加深自己对未来的生活期许，可以更好地审视过去，洞察现在，把握未来。在这样的过程中，学生的思维发展趋于多样化。

4. 校园和谐化

我们的文化故事，融入了社会主义核心价值观，渗透了优秀的思想范例、高尚的道德品质、文明的生活方式，蕴含着爱、尊重、容纳、对话等美德，有利于师生正确理解传统、社会、时代、学校、家庭和自己的人生，有利于全体师生形成共同的文化观念、价值观念、生活观念，有利于推动良好校风、教风、学风、班风的形成，有利于校园人际关系的和谐发展。撰写、讲述、倾听文化故事，实际上就是挖掘、呈现、分享历史、生活、校园中平凡的人与事的闪光点，从中学会做人，学会行事，学会学习，学会感恩，共同奏响和谐之曲。

▪▪ 从文化故事到故事文化

晋江一中文化故事的实践探索，是一个由模糊到清晰、由零散到系统的过程。我们发现，文化故事需要主题的统筹与引领，才能形成序列，形成系统，形成经验，才能更好地产生辐射效应和育人效果。

一、文化故事的过去完成时

1. 实践探索过程

第一阶段：讲述推广群体化（2009—2012年）。

首先，故事讲述从教职员工开始，形成"赞赏文化"。为了弥补教学绩效考核的不足，使评价覆盖所有教职员工、指向教师的所有工作，2009年，我们开启了"讲述文化故事"活动，引导和鼓励全体教职员工从晋江本土、从校园生活、从身边同事、从自己身上发现故事、创作故事，利用各种会议、活动、仪式，轮流讲述故事、分享故事。讲述文化故事，某种程度上也是一种公开述职，既坦承自己的工作得失，又汇报自己的工作成效；也是一个自我反省、自我刷新、自我教育的过程。同时，讲述文化故事作为一种活动机制，还营造了情感交流、智慧分享、对话倾听的文化，营造了唤醒自我、唤醒美好和赞美他人、赞美优秀的文化。

其次，故事讲述推广到学生群体，形成"讲述文化"。教师讲述校园文化故事取得一定经验之后，我们将这一活动推广到了学生群体。我们鼓励学生创作和讲述自己的故事、同学的故事、教师的故事、父母的故事、邻居的故事、社区的故事、班级的故事、社团的故事及其他感兴趣的故事。这也为教师尤其是班主任开辟了一片立德树人的新天地、一条专业成长的新路径。他们可以从这些故事中发现学生成长亮点、发现师生双方的问题、发现改进教与学的契机，通过对故事的评价，巧妙地进行道德引导、心理辅导和作文指导。让文化故事进课程、进课堂、进德育，成为广大教师的新选择、新实践。

最后，故事讲述推广到家长校友群体，形成"母校文化"。有人就有故事，新的学校文化催生新的文化故事。我们从这项活动中感受到了很重要的课程价值，所以逐步推向家长、校友、校董，定期邀请他们走进学校，讲述他们的求学故事、创业故事、职业故事乃至爱情故事。这些故事在不同时空、从不同角度反映了学校的历史，传达了积极的价值观和人生经验，让广大师生在扩大文化视野的同时，不断拥获精神启迪和成长动力，最终融汇到"母校文化"之中，滋养母校的人文传统。

第二阶段：讲述主题课程化（2013—2018年）。

学校整合2013年"六德之星"、2014年"我的书房，我的故事"、2015年"我和大楼"、2016年"我的价值观故事"、2017年"石鼓景园"等主题活动经验，于2018年，结合学校德育"素养梯度目标"，形成素养梯度目标文化故事课程体系：初一素养梯度目标为"热情与态度"，以"书房的故事""家风的故事"展开；初二为"目标与守则"，以"班风的故事""学风的故事"展开；初三为"涵养与眼量"，以"大楼的故事""素养的故事"展开；高一为"人格与修养"，以"榜样的故事""晋江人的故事"展开；高二为"抱负与价值观"，以"价值观的故事""学科的故事"展开；高三为"信仰与情操"，以"信仰的故事""石鼓山的故事"展开。

素养梯度，立足于学生的成长规律和阶段特点，是心理发育、成长的一个导向。心理现象十分复杂，目标概念又十分抽象，所以，每一个梯度目标都设计了相应的课程项目和主题式体验活动，教师通过活动中学生的态度、行为表现，探索学生的心理根据，发现学生的心理规律，给予学生恰当的引导；并让学生收集、整理活动印记，写成案例，还原体验、反思得失，形成个人成长文档，促使学生阶段性审视自我，发现不足。素养梯度目标文化故事课程体系的形成，让师生有了一个看得见、摸得着、可操作的平台。

2. 实践探索成果

（1）讲述制度化。开展"每日两讲"，并使其逐步成为一种日常化、课程化的校园生活，以文化故事的课程化，建设校园故事文化。

（2）留存文本化。编辑、出版《班风的故事》《家风的故事》《晋江人的故事》《我的书房故事》《我和大楼的故事》等丛书，推动良好校风、教风、班风、家风的形成，文化故事逐渐成为办学特色，承载并创生"石鼓文化"。

（3）经验成果化。2013年10月，我校立项的教育部子课题"以文化故事为载体开展生命教育的实践与研究"结题，被评为优秀等级；十多篇有关文化故事的论文、报道见诸《中国德育》《福建日报》等报刊；文化故事展馆被确立为"泉州市社会科学普及基地"。

二、文化故事的现在进行时

从讲述文化故事到建设故事文化，需要有制度、方法、实践的支撑。

1. 文化故事进校园，传播美德故事

我们倡导"人人写故事、班级讲故事、校园传故事"，升旗仪式、教职工例会、班级主题班会、学生家长会变身为师生、家长"故事会"，五项管理（心态、目标、时间、学习、行动）、六卡活动（优点卡、阅读卡、健身卡、劳动卡、社团卡、创新卡）等均贯穿相应的故事主题，引导师生用心寻找生活亮点，用情演绎生命体验，用智修炼人生美德。

2. 文化故事进课堂，讲述学科故事

倡导师生在课堂上充分挖掘、盘活学科教材资源，讲述学科名人故事、学科哲理故事、学科问题故事。在故事中定位核心概念，进行问题思辨、教学建构。教学中援引文化故事，借以创设问题情境，引导学生主动学习、积极思考，拓展思维的广度和深度，激发兴趣、情趣、理趣。

3. 文化故事进课程，开展综合实践活动

如"五店市寻根""万达哲学""我和大楼"等综合实践课程，以故事为引子、线索和成果呈现方式，引导学生以"全科"的视野去阅读、思考、表达，从故事中发现问题、提出问题，并以新的故事分析问题、解决问题，培养创新精神和实践能力。

4. 文化故事进网络，构建"互联网 + 文化故事"教育模式

各班成立文化故事小组，开展"每日两讲"主题故事会活动；以"石鼓讲坛"为分享平台，推动教师深度阅读、思考与写作文化故事；通过校园网、学校微信公众号等网络平台，让故事从师生个体走进班级、走向校园、融入家庭，在社会上广泛传播，让师生、家长、校友和关心学校发展的社会人士最大限度地共享故事的教育力量。

5. 文化故事进评价，丰富教育评价方式

学生方面，撰写、讲述文化故事，既成为其成长档案的组成部分，也是其综合素质评价的重要一环；教师方面，将文化故事创作作为教师文集的主要类别，鼓励教师在各种活动中分享自己的文化故事；校务委员和教辅工勤人员，其年度考核以讲述文化故事的方式进行。

三、文化故事的将来时

（1）丰富文化故事展馆。我们希望每一届学生在离开母校之前都至少有一个故事珍藏其中，让每一个人的故事都成为所有人的共同记忆，成为学校历史的重要篇章。

（2）创建故事文创室。学校将设立专门的故事文创工作室，定期收集、整理师生撰写的文化故事。日积月累，精选分类，并安排在不同的场合讲述及汇编《石鼓山故事300篇》，让经典故事代代相传，不断丰富学校文化和属于我们学校自己的故事文化。

▇▇ 讲文化故事，促校风建设

一般来说，校风包括教风、学风和领导作风。作为一种隐性的学校教育资源，校风具有很强的感染力和渗透力，能凝聚精神，规范行为，引领成长；能净化和优化人的思想、道德和心理。良好的校风一旦形成，就会在学校管理和教育教学的全过程持续地传递正能量。

每所学校历史不同，发展不一，各有各的校风，也都面临不断提升校风、提升办学品质的问题。而问题的解决，方法可能多样，路径可能多种，但都要从实际出发，选择切合校情的有效办法。我们通过文化故事这一载体，充分调动、盘活各种资源，促进校风建设，以良好的校风立德树人，不断提高立德树人的质量和效果。

一、"生命之光"照亮的美好学风

2010年2月2日，初一学生家长会上，何树东同学讲述了这样一个文化故事——

生命之光

这天，听说林老师生病了，好像还病得挺严重的。我不只是担心老师能不能来上课，我更担心老师的病情。

上课时间到了，那个熟悉的身影还是没有出现。同学们又开起了"议论会"。过了好一会儿，终于，林老师迈着缓慢而又坚定的步伐走进了教室。

老师的声音显得比平时小了许多，可能是身体虚弱。她有时摇摇头，以振作精神；有时紧紧闭上眼睛，好像非常难受的样子。

看到林老师这个情况，我心里特别感动，也特别不是滋味！心里期望着这节课快快结束，林老师可以好好休息一下。

铃声响了，几位女同学冲了过去，扶着林老师到年段休息室。

这是一节难忘的课，我们看到了老师的生命之光。这就是爱、责任与奉献。这样的生命之光，将照亮我的成长之路、学习之途。

故事就像水，能够通达心灵的幽径，能够透过裂缝渗入看似坚不可摧的墙壁，能使万物焕发新的光彩。何树东同学分享的这个故事，很简短，也很平常，但情感的浓度很高，让当场的家长、学生和一些老师都很受感动。

我们并不鼓励"带病坚持上课"，何树东同学也说，"我不只是担心老师能不能来上课，我更担心老师的病情"，可是，林老师还是"迈着缓慢而又坚定的步伐走进了教室"——教师进入教室，在学生眼里，常常是一种特别有仪式感的行为，其背后是学生的学习观、成长观和师生观。"她有时摇摇头，以振作精神；有时紧紧闭上眼睛，好像非常难受的样子"，学生心疼着老师的坚持，终于，"铃声响了，几位女同学冲了过去，扶着林老师到年段休息室"。

何树东同学没有讲述自己在这堂课上怎么学、学到了什么，但实际上，他就是在学习，他感受到了林老师的"爱、责任与奉献"，他感受到了"德"的示范和美的指引。或者说，看似说的是"教"，其实更是在谈"学"。所以他说，"这样的生命之光，将照亮我的成长之路、学习之途"。

他经历过了，再写起来、讲出来，让自己重新发现自己，也让更多的人体会到什么是好的教育、什么是好的学习过程。人们常常有一个误区，就是把经历等同于体验，认为经历过了就是体验过了，而没有完成体验的"最后一公里"——这"一公里"就是表达，对自己，或者对他人。而这正是文化故事的价值和意义。

二、"责任在我"的严肃教风

2014 年 12 月 1 日，晋江一中新一期"石鼓讲坛"活动上，张秀琴老师作了分享：

责任在我

新学年开学第一天，一切正常。夜幕降临之际，晚自修前，我暗自松了一口气，心头荡漾着一缕轻松，可扫视了一下教室，心里顿时凉了半截：桌椅排列不齐，地板上散落着大大小小的纸片。正当我想说点儿什么时，一名值日的同学迈进教室，眼睛一扫，眉头一皱，打开记录本，狠狠地扣了 6分。我直愣愣地呆立于讲桌前，心中惆怅不已。

"劳动委员怎么这么粗心大意呢？"我脑海中第一个跳出的念头就是找他问责。找到了劳动委员，我问："傍晚时段的卫生为什么没有做好？"劳动委员竟是一脸茫然，语气中有些胆怯："您只告诉说早上要做卫生，没有说傍晚也要做啊。"我一时语塞，悻悻地说："原来这样……"

值日评比第一天，班级丢失了 6 分，该由谁来负责？我陷入沉思。第二天早读结束后，我将第一天的学习与值周情况向全班作了简短的反馈。我严肃地说："昨天值日，班级被扣了6分，主要原因是同学们不知道傍晚也要打扫卫生，所以这次丢分的错误在我，责任在我。作为班主任，我没有了解并执行相关制度，我向大家道歉。"

教室里出奇地安静，一双双清澈的眼睛看着我……

《道德经》中说："圣人不病，以其病病。夫唯病病，是以不病。"我不是圣人。在学生面前，我坦承自己的失误，表明责任在我。我以自己的言行，让同学们明白一个道理：一个勇于承认错误、敢于承担责任的人，才能做好分内事、走好人生路。

教育是培养人的活动，教师担负着立德树人、教书育人的责任。我们谈教风，这是最核心的要义。张秀琴老师在学生面前坦承自己的失误，强调"责任在我"，勇于担责，是一种非常好的示范。

我们常说，自我反思是教师专业发展的重要因素。反思的过程是教师发现、分析、研究、解决问题的过程，也是教师专业学习与发展的过程。石中英教授说过："……要获得解放，臻达自由的教育境界，就必须以教育者的'自我反思'为前提。"张秀琴老师讲述的文化故事，既体现了自我反思的过程，也显示出自我反思的结果，可以给我们教育者带来启发。

这个故事当中，其实还有故事，就是张老师跟同学们讲的"班级丢失了6分"的故事。教师有着比学生更多的社会阅历和成长经验，这是一座文化故事的资源宝库。在与学生的交流中，教师讲述自己的所见、所思，能引起学生的兴趣和思考，使之从中受到启发，并化用于行为。教师利用自身的文化故事资源，示范、引导、教育、评价，这本身就是一种德育能力、一种专业能力。

三、"路灯"一般的领导作风

2015年8月26日，晋江一中、华侨中学年度校务委员反思会如期举行，陈锦文老师讲了一个"路灯"的故事——

路 灯

开学初，学生家长反映南山路路灯少、光线不足，更严重的是，每到晚上12点以后，有好几盏灯都是一闪一闪的，像是故意"眨眼"向行人开玩笑似的。值班人员说，在这种情况下开车，视线特别不好，很危险。

为了解决这个问题，我曾向多个部门反映，寻求解决。先找到路政园林局，他们反馈说要找路灯公司；路灯公司说，他们会派人了解情况。可是几天过去了，路灯还是一闪一闪，不停地"眨眼"。我又三番五次打电话给路灯公司的负责人。终于，他们出现在现场，摸清了情况，提出了解决问题的方案：增加路灯布线点，同时安排工作人员当天晚上12点以后检查线路。检查结果是线路电压不够，需增加一个或两个电表。就这样，学校又添上了新电表。

管理是一种沟通能力，也是一种协调能力。有了沟通，才能使他人了解存在什么问题；有了协调，才能找到解决问题的办法。

学校领导作风的建设，重在协调学校与社会的关系、人与人的关系。这不仅要求学校领导干部不断提升自己的工作能力，还要重视改进自身的职业态度和职业伦理。有人这样说："能力越强，态度和伦理越好，其工作成就越卓越，但大多数人只重视提高领导和管理能力，而往往忽视态度和伦理。"开展文化故事的相关活动，让管理者通过故事，盘点工作，回放过程，总结经验，梳理得失，增进理解，促进认同，有助于升华态度和伦理。

"嘤其鸣矣，求其友声。"（《诗经》）。再先进再发达的现代技术，也替代不了面对面的语言传递和情感交流。学校领导与师生、学校与社会，如果缺少真诚的沟通，就谈不上彼此的合作，就难以建构良好的校风。所以，我们需要讲述、分享各自的文化故事。

我想，有时候学校领导就是陈锦文老师说的这盏"路灯"。"路灯"是提

立德树人：从故事到课程

醒，也是照亮，更是守护。"路灯"可能做不到"长明"，但一定不能在该亮的时候不停地"眨眼"。这其实也是职业态度和职业伦理的问题，包括对事业的追求、对岗位的敬畏、对工作的专注。唯有如此，才可能形成优良的领导作风，才可能促成优良的校风，并使之成为一种行为的自觉、心理的自觉、文化的自觉。

▇▇ 文化故事为什么可以育人

晋江一中的文化故事，根植于真实的文化生活、社会生活、校园生活，有丰富的细节和深刻的情思。文字记录之，口头讲述之，多媒体展示之，是为"文"；具有感染人、启发人、教化人的特点和功能，是为"化"——故称之为"文化故事"。我们将讲述、记录、展示文化故事作为寓教于乐、教学相长、家校共育的重要途径；我们结合学校的课程建设与教育教学进程，不断挖掘、强化文化故事的育人价值。

一、文化故事的特征

其一，情感性。在一定意义上，故事就是一种动之以情的"特殊知识"，那种"一棵树摇动另一棵树"的知识。从文化故事的生产、表达、传播到文化故事的接受、评价、转化，情感性都是第一位的。因为我们的文化故事，是教育的文化故事，是为了立德树人的文化故事；而情感是使教育得以发生的重要机制和关键前提。没有情感性，将无以教育，亦无以文化故事。

其二，体验性。文化故事不仅仅是故事本身，或者说不止于故事。校园里发生的事情，一般被认为是当下的事情，而一旦上升为文化故事，其生产、表达和接受的过程，就成为一个教育（包含自我教育）体验的过程。这是因为任何一个文化故事，都必然与其生产者、表达者、接受者个人的过去经历和未来生活发生联系：既激活过去的体验，又加深当下的体验，并为以后的校园生活创造一个新的体验的起点或基础。

其三，辩证性。文化故事在生产、表述和接受的过程中，主体角色会由一变多，生成多种理解、解读的视角，那么这个故事就成为辩证的故事，可以改变人的思维角度，拓展人的思维空间——在故事的情景中，感悟，体验，得出自己的辩证性结论，引发自己的哲思。师生讲述的文化故事，若要取得良好的传播效应，其生产的过程一般是在多主体共同作用之下的，而其结论，通常会趋于辩证。文化故事的辩证性，是其与一般的教育案例不完全一致的地方，也是其更具育人力量与价值的一个特点。

其四，愿景性。讲故事是最简便的、凝聚力量的工具。我们的文化故事，融入了社会主义核心价值观，渗透了思想范例、传统美德、文明风尚，蕴含着教学相长、尊重常识、热爱真理、追求智慧等情趣、理趣，有利于推动良好校风、教风、学风、班风的形成和校园人际关系的协调。它们既共同作用于每一个人的成长，又共同指向一个国家、民族、社会的发展愿景。同时，这种愿景性又为文化故事的生产、表达和接受，提供共同的价值框架，使之既是理想的范本，亦是现实的故事。

如上几个特征，也就决定了我们的文化故事具有重要的育人价值。

二、文化故事的育人价值

1. 营建故事育人的文化

杜威说："教育即生活。"生活就是经历，就是一个个故事的创生，从这一维度看，教育就是讲故事。教师作为校园文化的引领者，要在知识、技能的教学中，关注学生的独立思考与创造性，在教学活动中关注学生的个性特点、特长，发现学生情感、态度、价值观等方面的闪光点，使教育生活本身成为一种自觉而多样的思想、精神文化活动。

我喜欢用镜头捕捉每一个精彩的瞬间：一双双求知的眼睛、一帧帧忘我的读书照、一个个合作探究的身影、一幅幅嬉戏打闹快乐的画面……在班会课上，它们便是一个个动人的故事。

表扬的故事多了，故事的小主人公们在悄然发生改变：眼睛里少了一份自负，多了一份赏识；少了一份不确定，多了一份自信……那个曾经粗野、偏执的男孩 Q，会在寒冷的夜晚等在教室外，只因担心最后离开教室的副班长、女生 L 一个人不安全。

这是谢晴霞老师分享的文化故事。谢晴霞老师善于捕捉每一个有价值的教育画面，并用之于班会活动，让故事产生感染、教化的功能，这正是一种自觉的行为。发现学生的故事，用学生的故事去教育学生，用"一朵云推动另一朵云"，已然成为老师们的一种职业习惯。应当说，文化故事的愿景性特征，特别契合教师立德树人——对学生成人、成才的期许这样的基本职业特性。故事育人，正在成为晋江一中特有的教育文化。

2. 促成人文情怀的陶冶

晋江一中有一个广为流传的《讲台上的金鱼》的故事：

天开始冷的时候，班里的讲台上出现了两条金鱼。那鱼红得像两团燃烧在水里的火，给讲台带来许多生气：巴掌那么大，拇指那么高，浅浅的圆柱体，不知哪里捡来的塑料瓶被当作鱼缸。鱼缸旁有一小袋黑色的鱼食。

下课的时候，有的学生会围到讲台桌旁，看看金鱼，放点儿鱼食，或者发表一些以前班上讨论过的关于"鱼快不快乐"的见解。那个叫思凡的女生还兴致勃勃地说起金鱼的来历，原来金鱼是铭利同学在校门口套圈套来的，然后被碧玉同学"抢"了过去，养在了讲台上，说是要美化班级。

下晚自修要养养神，歇歇心，有时候我会盯着鱼看，想，这鱼缸未免太小了，它们会不会感到局促，于是想换一个鱼缸；但转念一想，觉得这事我自己做的话不太好，可以等一等。不想过了几天，鱼缸真的大了一号，里面还放了些小鹅卵石，鱼好像也更为活跃、灵动。不等我问，思凡就说是洪森同学特意买来的新鱼缸。我心里一动，等待终于有了结果，我替金鱼感到幸福，也为有这样的学生感到欣慰，甚至有点儿得意。

可惜好景不长。那天高二会考完，听见彬伟老师称赞我们班很细心，留了纸条请监考老师帮忙喂金鱼，我心里很高兴。待晚上回到班级，思凡就凑到讲台旁，指着鱼缸，幽幽地说："老师，可能喂太多，死了一条了……"我一看，只剩一条鱼了，不禁有点儿难过，不过也只能安慰道："哦，可能没说清楚不能喂太多吧！不是还有一条吗？"她说："这都怪我……""没事儿，已经这样了，下次注意就是了。去学习吧！"……看着孤零零的金鱼，听着窗外北风呼啸，心里竟有些凄凉。不过，我还是觉得可以再等等。

过了五天，课间操后，一到讲台前，我不由自主地"哇"了一声：鱼缸里有四条金鱼！而且其中一条是黑的！环视了一下教室，没看到思凡，我便叫："思凡！思凡！"有同学立即帮着叫，她兴奋地跑过来，看着我指着鱼缸张大了嘴巴的夸张表情，立即开心地嚷道："老师，好不好看？是洪森买来的呢！还有一条黑色的呢！""嗯，好看！这下热闹了！"我和她一样地开心，一样地欢笑，一如窗外明媚的阳光。这时候预备铃响了，我看到洪森从后门进来，便不再说什么，准备上课。

我留出 3 分钟，叫洪森起来回答问题。我问："洪森同学，你为什么要买新鱼缸？是不是嫌旧鱼缸太难看了？"他回答说："不是啊，我觉得它太小了。"我问："太小？小怎么啦？"他说："太小不舒服，大点比较自在。"我恍然大悟地"哦"了一声。这时候，其他同学都拉长了声音："哦——"声音里满是赞许和钦佩。我继续问："那你为什么又买来金鱼啊？而且一买就三条？""因为一条太孤单。"他静静地说，一如平常。大家"哇——"了一声，紧跟着就是热烈的掌声，我分明感到有一股强烈的暖流流淌在每个人的心里。

等大家安静下来，我请洪森坐下，不无感叹地说："有洪森这样的同学，是金鱼的幸福，也是我们的幸福，大家说是不是？""是——"大家异口同声之后，一片欢笑。"好，下课！"我走出教室，外面冷飕飕的，心里却是暖烘烘的。

后来放假了，碧玉同学就把金鱼带回去养了。

这就是我跟大家讲的，发生在我们一中，发生在2008级高一9班，有关金鱼，有关爱心的故事。

这个故事来自庄清海老师，发生于2008级高一9班。

故事中，洪森同学对金鱼的同理心，饱含着深沉、生动的人文情怀。故事中老师的几个问题，触发他把内心的温情表达出来，并引发同学们的强烈共鸣，齐声的"哦"与"哇"中，何尝不是人与人之间人文情怀的相互熏陶呢？

这样的故事，因其原生态的情感性特征，通过讲述，使得其育人的过程更为鲜活，更具感染力，教化效果更为不着痕迹、深入人心。一旦把类似的故事都记录下来，宣传开去，成为校园美谈，不只会对故事的主角的人性光辉起到强化作用，对其他学生也是一种人文情怀的陶冶。

3. 见证生命成长的丰富

学校组织优点卡活动，设计"我眼中的自己""同伴眼中的自己""老师眼中的自己"三个栏目让师生填写，引导学生认识自己、设计自己和管理自己，在认识自己、设计自己和管理自己中健康成长。当学生把优点卡带回家给家长看以后，故事就产生了——

深夜，细微的谈话声划破夜晚的寂静，母亲和父亲低声交谈着什么。我踮起脚尖，小心走到门边，屏住呼吸，耳朵贴近门缝，努力听着。蓦然，"优点卡"三个字细针一般穿破耳膜，内心猛地一颤。"咱女儿在别人眼中还有挺多优点呢。"母亲嘿嘿笑着。门缝里，母亲与刚刚判若两人。"可不是嘛。"父亲也嘿嘿笑着，"可是，你刚才的态度，把孩子搞得不开心啊。""我真是怕她骄傲，别人的评价有些过誉了，多多少少是在鼓励她。我的话一句也没错。起初，她就不该太过欢喜；而后，也不应该太过沮丧。"母亲的声音又严肃起来。

那一刻，我释怀了。我悟到了优点卡的作用，别人的评价是对自己的肯定，相信自己能进步、成长，主要还得自己懂得管理好自己。

闪亮的小星星又冒出头来，向我眨了眨眼睛。

学生发现，对于这个"优点卡"，自己与父亲、母亲，看法不一，但都归结于"成长"这一母题。她感悟到成长的本质，也感受到亲人的良苦用心，理智与情感都有所增进。除此之外，"我眼中的自己"和"同伴眼中的自己"，也经常会产生错位，错位之间就是成长的空间。这正是校园文化故事辩证性特征的体现。

校园文化故事的写作，超越了以往的表扬信和检讨书，可以引导学生在常规、常态的生活秩序中，观察、体验为人、行事、学习、交往的亮点与不足，感悟成长之美。老子曰："孰能浊以静而徐清？孰能安以动而徐生？"其意思是，内心世界，浊若能静，则日渐清澈；躁如能安，则焕发生机。教师要引导学生，在经历成败顺逆之后，能静心审视、回顾其过程、细节、背景与影响，从中找到根据、规律，促进道德升华和生命成长。"凡经历必留下痕迹"，正体现了文化故事的体验性、辩证性特征，体现了对学生个体体验的尊重，并促进了其辩证思维的发展。

4. 珍藏青春记忆的美好

将中学生涯所经历的事件、所获得的奖励、所制作的器具、所写的文章、所作的笔记，甚至所作的检讨，一一存档，使之成为学生成长档案。学生成长档案，是学生素养梯度达成度、个性才能、综合素质的呈现与展示。学习生涯的记录，符合新高考背景下多元化评价的要求，也是值得珍藏的青春记忆。

杨同学将班刊《盛放》装入成长档案里，因为《盛放》刊有她的"青涩的故事"，承载着她成长、"盛放"的点点滴滴。这是故事本身。而赖同学则把高中入学通知书视为珍宝，将其放入成长档案中，因为她认为，这份通知书记录了自己青春闪耀的节点。

学生的个人简介、个人荣誉、个人风采（比赛竞赛、集体活动、志愿服务等）、作文精选、日记随笔、特长展示（艺术作品、手工作品、科技作品等），这一切既是文化故事的素材，也是学生个体的成长见证，构成一本本充满个性的校园文化故事集。对于学生来说，这是有关个人校园生活的最为宏大的叙事；对于学校来说，这是校园文化洪流的汩汩泉源，也是丰富而鲜活的教育资源。它们届际流传，慢慢积淀为一所学校特有的文化，学校因此而成为"母校"，成为一代代学子共同的青春原乡——这也正是我们创办文化故事展馆的重要意义之所在。

学校育人的过程中，"校园故事"时时处处都在发生，但"言而无文，行之不远"，不把校园故事进行文字记录、文辞修饰、意义提炼，用以感染、教化学生，是无法成为"校园文化故事"的，更遑论实现其育人价值了。一个观念在我们的内心和行动中越来越坚定：立德树人，既要有课程，也要有故事。

文化故事在立德树人中的展开

▓▓ 有教育梦想就有好故事

2010 年 6 月 25 日，在华东师范大学"晋江市中学校长高级研修班"上，晋江一中校长陈燎原慷慨陈词，叙说着自己的教育梦想：让每位教师成"名"，让每名学生成功，让每处校园成景……

两个月过去了——2010 年 8 月 28 日，23 位校务委员于校园"石鼓讲坛"上，讲述自己的教育梦想。

三个月过去了——2010 年 9 月，各年段、班级召开"我的梦想"主题会，师生同台畅谈人生，抒发梦想。

每一位师生员工的梦想，共同造就了晋江一中在新的教育历史时期的辉煌。在晋江，乃至在泉州，都流传着这所学校的办学奇迹。更让大家津津乐道的是，晋江一中不仅是一所办学质量优异的省示范性普通高中、省一级达标高中、省普通高中课改基地，更是一所有自己特色、有自己故事的学校，那就是在校园上空高高飘扬的"学生第一"之旗。

这面旗帜上，标记着晋江一中的教育追求：

会做人，思想高素质；

会学习，学习高质量；

会生活，生活高品位。

一、会做人，思想高素质

今天我值日

2008年3月的一天，山西省运城市永济中学校长高跃利，漫步在晋江一中美丽的校园，突然被眼前的一幕幕吸引：学生去运动场出操，去体育馆开会，到实验室做实验，去计算机房上机，都是排着长队，依次行走，井然有序。他当场掏出手机，打给永济中学的副校长和政教处主任，让他们连夜搭飞机到晋江一中"配一把金钥匙"。

这把让高校长心动不已的"金钥匙"，其实就是晋江一中所着力培养的学生自我管理能力。

2007年秋季，晋江一中制定并实施《关于值勤周制度的施行细则》：每周由一个班级的学生全面负责检查、评比和反馈全校的常规活动，如学生出勤、课间体操、眼保健操、环境卫生、仪容仪表、内务整理等。这项政策制定时，充分考虑到了中学生对未知的管理世界的好奇，以及对于自我能力培养的规划，因此在活动推行之初，就受到了学生的热烈欢迎。

在晋江一中校园里，你会不时遇见手臂戴着"今天我值日"袖章的值勤学生。在校园的一个角落，记者采访了高二1班的一名学生，她谈起了一件事。有一次，她在检查仪容仪表时，看见几名女生都穿着束裤，而不是校服裤子，就让她们"稍等一下"，准备登记名字，但她们一点儿也不配合，最后在其他同学的帮助下才顺利登记。当时，她受到了这几名女生的冷眼，真是有苦说不出。不过，她对记者说："现在想想，我反要感谢她们，让我体会到尊重是多么重要。一周的值勤，我学会了怎么与人交往。"

坚持"学生第一"的理念，就必须以生为本，把学生的发展放在首位，让学生成为学习、生活的主人，学会自我管理，实现自我管理，唤醒自我意识、责任意识，学会对自己、对未来负责。

记者采访德育处主任刘老师时，他说，有一名曾经表现不是很好的学生，值勤时却极其负责。第一天值勤，由于对岗位职责不是很清楚，他把别班的请假条收回来了。事后，他非常不好意思地找到班长，说："对不起，我明天不会去其他班收请假条了，现在我就把请假条退回去。"他的改变，是一种自我发现的结果，特别珍贵。

值勤评比活动，能让学生真切地感受到自己是学校的主人，责任意识油然而生；同时也能让学生暴露出自己的不足，找到转变、进步的入口。一名学生在每周的执勤总结上说："周值勤很辛苦，但可以锻炼自己，可以学习别人的长处。我需要从小事做起，从细处做起，养成良好的行为习惯。"

课间操不只是课间操

2011 年 3 月 27 日上午，陈燎原校长走进泉州市广播电台的直播间，参与了《校长访谈：我的成长记录》的直播。这是一档专门报道学校德育工作的系列节目，这一期的主题是晋江一中的课间操。

课间操是学生每天参加的一项体育活动，是学生紧张学习之中的一种积极性休息，同时也是校园体育文化建设的重要内容和综合反映。晋江一中一直把课间操列为全校性德育活动的重要项目，并在其间有机地贯穿情感教育。每年的校运会都会将其列入必赛项目，作为道德风尚奖和团体总分奖的重要一项。2009 年秋季，学校着手改革，在第三套全国中学生广播体操"舞动青春"的基础上，不断丰富和创新课间操的活动内容与形式，实现了做操流程电脑自动化全程控制。目前该流程主要包括以下六个环节：7 分钟排队进场、1 分钟定型立军姿、4 分半做操、30 秒嘹亮口号、4 分钟跑操、点评退场。每个环节，都由学生组织实施和评价。

做课间操前，是 1 分钟的站军姿；课间操后，踏步呼口号。1 分钟站军姿，能够训练出严明的纪律、干练的作风、坚强的品格，培养自信、坚定、向上的素质，形成优质的校风校纪。与静止军姿有异曲同工之妙的是 30 秒踏步呼口号，"仰望星空，脚踏实地""五项管理，争创第一"……简明，有力，不仅能让学生享受锻炼的快乐，还能使学生在气壮山河的集体活动中感受集体的力量；集体呼号还有助于培养团队意识、调节情绪、强化自信心，具有很强的震撼力、感染力和凝聚力。

紧接着的是跑操。采访期间，泉州市广播电台视频直播了晋江一中的跑操情景，场面宏大壮观——

主持人：什么是跑操？

陈校长：跑操是学生依据课间操队形，利用队与队之间的空间，前后来回小跑，有音乐伴奏。

主持人：在您看来，跑操有什么意义？

陈校长：跑操是一项精神运动。在紧张的中学生活状态下，学生锻炼的时间很有限。学习紧张，势必大脑也紧张。跑操可以起到放松神经的作用，让大脑从紧张的学习中脱离出来，得到放松，有利于学生劳逸结合，调节神经系统。跑操是文化活动，也是团队展示。从班级文化建设方面来说，跑操体现了一个班级的精神状态，在一定程度上反映了班集体的配合度与凝聚力……

这期节目，有近30万市民收听或在线观看，产生了积极的社会影响，树立了晋江一中良好的教育形象。

他能去哪里呢？

在晋江一中采访期间，记者在生管处郑老师的陪同下，参观了学生宿舍。只见窗户明亮，地板清洁，卫生间干净，给人一种仿佛走进了军营之感：生活用品"一个方块三条线"，即被子叠成一个方块，鞋子摆成一条线，牙杯牙刷一条线，毛巾悬挂一条线。

郑老师介绍道："晋江一中的学生宿舍实行准军事化的学生自主管理，成立了学生宿舍自主管理委员会，实行楼长、层长、舍长级层负责制。楼长由学校的生活辅导老师担任，层长和舍长从学生当中选拔。每间宿舍设立舍长一名，负责本宿舍的卫生、安全等事宜，对本宿舍成员负责；每个楼层设层长一名，负责本楼层的各项事务，对本楼层的全部成员负责；楼长负责一栋宿舍楼的卫生、治安、文化建设等事宜，对整栋楼的住宿学生负责。"这样权责明确的层级管理体系，充分调动了学生自我管理的积极性和主动性，给予了学生足够的自我管理空间。

郑老师还向记者讲述了这样一个故事：每晚10时，各宿舍的学生要在各自宿舍门口集合排队，由学生舍长核实到宿名单，并简要总结一天的宿舍生活。

有一天，男生宿舍的一名学生不见了，他可是从来不迟到、不缺席的。舍长问在场的同学，谁见过他。大家都摇摇头。舍长当机立断，报告生管老师和班主任。那么，他能去哪里呢？同学们急坏了，有的说，要不要报告校长；有的说，要不要打电话给家长。舍长说：先找找看，不要轻易惊动他们。

这时，生管组的老师来了，班主任也赶来了。

"会不会到其他男生宿舍找同学去了？"有个学生说。

"不可能，各个宿舍刚点完名，他应该知道回宿舍的。"生管组老师说。

"对啦，问班长！班长在哪一间宿舍？"又一个学生说。

生管组老师朝楼上奔去，她知道班长住在哪一间。

很快有了消息：这个男生晚自修请假，提前半个小时到心理咨询室去了。

果然是虚惊一场。

教育的本质，是塑造健全的人格、良好的品格，培养规范的行为和良好的习惯，这要求学生从小事做起，从自己做起，做一个对家庭、对社会有益的人。晋江一中正是立足于这样的认识，加强学生自我管理能力的培养，引导他们领悟学会做人的真谛。

二、会学习，学习高质量

学习，是叩问

在晋江一中，许多老师都记得苏华山同学的故事。苏华山，初中毕业于一所农村学校，2006年中考成绩7个A、2个B，语文、数学、英语总分362分，是择校补录生（当时国家允许实施择校政策），差一点儿进不了晋江一中，在那一届被称为"最后一个进校门"的学生。有一次，化学老师找他谈话："你的提问太少了。要知道，学贵有疑，小疑则小进，大疑则大进。"他省悟了，后来学会了提出问题，思考问题。三年后的高考，读理科的他考了546分，考进了福建警察学院，成了大批"低进中出"同学的典型代表。对于这个成绩，苏华山高兴地说："在晋江一中三年，我的成绩有了大幅提升。"

传统的教学方法，是让学生在教师讲授的过程中去了解知识，掌握知识。新课程的实施，改变了一中人的教育理念。2006年春季，学校提出"倡导问题教学，构建生态课堂，提高教学有效性"的策略，把教学的着眼点放在教会学生提出问题和学会思考之上。培养学生主动学习，说到底是引导学生善于质疑，勇于析疑，敢于解疑。

记者采访期间，遇上了历史科张老师，他向我们展示了一个历史笔记本，这是他的学生卓言铃送的。这个历史笔记本，不是课堂笔记，也不是作业本子，而是一本读书笔记。历史学科知识繁多、复杂，需要构建知识体系，否则很难学会、学好。在许多人的眼里，哪个学校的老师没有给学生一个现成的知识网络？哪一本教辅没有给读者一个现成的知识图解？而卓言玲同学，懂得用自己的眼睛去读书，用自己的头脑去思考，用自己的笔头去整理。她初中毕业于晋江石圳华侨中学，2007年中考成绩是8个A、1个B，语文、数学、英语总分397分，刚好压上晋江一中中招上线分；高考考入我国一所著名重点大学，实现了"中进高出"。张老师告诉记者："读书是需要方法的。这本读书笔记的背后，体现的是学生的独立思考、勤于思考和善于思考。"

"低进中出，中进高出，高进优出"已经成为晋江一中的教学目标。此"三进三出"，关键是让学生主动叩问知识，学会质疑，学会解疑，培养探索问题的意识和能力。

会学习，重要的是培养学生的思维品质、学习方法和行为习惯。晋江一中在达成"三进三出"目标的过程中，学生主动学习，积极进取，有一定的自学能力、探索问题的意识，形成有个性特点的学习方法，并不断发展创新精神和实践能力。

像农民那样守望

2010年11月24日，河北省沧州市《黄骅报》报道：晋江一中杨少芬老师到黄骅中学开高中化学示范课。杨老师是应苏教版高中化学教材副主编王云生老师邀请前往开课的。这节课的课题是：影响反应速率的因素。杨老师采用问题教学的方式，设置了一个难度适当的问题——"请设计实验证明高锰酸钾与草酸反应速率的影响因素（浓度、温度、催化剂）"，从多种角度引导学生探究，进行实验创新，既不重复必修课内容，又跟选修课衔接，把原课本的四个实验合并在一起，提高了课堂教学效率，受到与会专家与一线教师的高度评价。

长期以来，晋江一中倡导问题教学。教师备课备"问题"，说课说"问题"，上课上"问题"。问题教学的精髓是探究，即让学生参与教学过程，培养探究精神与能力。晋江一中鼓励学生开展课堂争论、上台实际操作等，让学生充分体会知识发生、发展的过程及其规律。虽然让学生参与教学过程会有很大的不确定性，但这正是好的课堂所应有的：在不确定性的过程中去感知，去理解，去感悟。

2010年4月底，初一年级数学教师陈志谦参加了福建省说课比赛，他说课题目是"画轴对称"。他先进的教学理念、丰富的教学内容和生动的教学方法，征服了评委，荣获省一等奖。

陈老师的说课稿，呈现了12个问题，这些问题连接教材，连接生活，连接学生，连接教师自身。在教师引导下，学生在问题中思考，知识在问题中内化，情感在问题中升华。他在说课中如是说："李淑芬老人剪纸献给北京奥运，展示了我国民间传统的剪纸艺术魅力，说明中华文明的源远流长，而这一切又同数学紧密相连，说明数学来源于生活，是艺术创作的源泉。"认知与情感互动，能有效地促进学生潜能的发挥与道德的养成。陈老师对记者说："我的课堂教学，用问题把知识呈现在学生面前，让学生在问题中去探究知识，提升能力，培养热爱生活、热爱科学的人生观和价值观。"

2007 年，苏锦明老师参加了福建省教育厅举办的征文活动，其《师生携手共建和谐的生态课堂》一文获得二等奖。文章说："教育是一个生命过程，是一个生长的过程，而不是一个加工、制造的过程。像农民那样，需要信任、宽容和耐心，需要养护、过程和守望。"生态课堂，是师生人生中一段重要的生命历程，是师生生命重要的组成部分。只有从生命的角度来审视课堂，关注学生的认知与情感，才能让课堂焕发出生机与活力。

石鼓山上有个"讲坛"

晋江一中位于晋江城关石鼓山上。2010 年 9 月 15 日，学校召开"石鼓讲坛"创办五周年、出刊 100 期纪念座谈会。从诞生的那一天起，"石鼓讲坛"就与一中的课改相伴随，与一中的教师共成长。它不仅是专家讲坛，更是大众讲坛，是教师共同成长的精神家园，是校园生生不息的文化风景。

从 2005 年秋季创办至今五年来，"石鼓讲坛"开展讲座活动 100 多场，出刊 100 多期，近 30 万字，有 100 多位教师走上讲坛，交流经验，分享成果，反思问题。由听众变主讲，促进教师自主学习、自我提升，为成长为名师奠定基础。

2009 年 12 月 9 日，福建省校本教研工作研讨会在东山县召开。校长陈燎原参加会议，其《校本研究的实践与研究》一文被收入大会论文汇编。这篇文章主要谈了三个方面：（1）遵循"学生第一"办学理念，以"石鼓讲坛"为平台，抓实校本培训；（2）倡导主题式听评课，扎实教研过程；（3）创新教研工作制度，落实教研保障。切实的措施，有力地支撑教师成长和教学改进，充分发挥了校本教研的作用。2008 年 7 月 22 日，人民教育出版社于辽宁省沈阳市举办生物教学大型研讨会，晋江一中生物教师邹军老师应邀作课程改革的典型经验介绍。如今，晋江一中不少教师通过"石鼓讲坛"，走出校门，走向全省，走向全国，成为专家型的教师。

2008 年秋，晋江一中重新定位学校的育人目标和发展方向，提出了"学生第一"的办学理念，以此申报泉州市教育科研"十一五"课题："坚持'学生第一'办学理念的实践与研究"。围绕"学生第一"这一核心理念，全体教职工结合自己的工作岗位和角色定位，确立了20个子课题，从党支部到中层处室，从教研组到备课组，都承担了相应的研究任务，形成一个有序的全校性三级课题研究与管理系统：校长是课题总负责人，负责指导和调控；处室主任负责子课题，开展全校性问题的研究；教研组进行学科性的教学研究。

2010年4月20日，泉州市教科所对该课题进行中期验收，给予高度评价："晋江一中坚持'学生第一'办学理念，并以此作为研究目标，在实践中研究，在研究中实践，很有特色。这需要有一个研究的教师群体，一个研究管理机制，……'石鼓讲坛'集研究、实践和培训于一身，是一个亮点……"

正如张有力副校长在《我的教育梦想》一文中所说的，"我梦想有这样一个教师团队：师德高尚，胸怀理想，充满激情和诗意；勤于学习，理念先进，追求卓越，不断创新"。晋江一中教师群体正是这样一个团队，他们共同撑起课程改革的一片蓝天。

三、会生活，生活高品位

六张卡片

晋江一中的学生成长记录袋，存放了六张卡片：优点单、阅读卡、劳动卡、社团证、创新卡和健身卡。有的学生，还在其中附上了在图书馆阅读、参加义务劳动和参加社团活动的照片。

实施学生成长记录袋制度，可以让每一名学生都留下成长的足迹，使每一名学生都获得进步的自信。学生一进校，就规划三年学校生活，制定人生奋斗目标。一次班级交流会上，孙雅明同学动情地说："每当把一件件压缩的成长往事装入袋中，我便充满了热望；每当翻阅这份称得上厚重的成长史，我便溢满了幸福。"

就说阅读卡吧。记者来到图书馆，进入阅览大厅，深深地被那宽敞的空间、大气的布局和齐聚一堂的学生阅读的场面震撼。学生阅览室共400个座位，每天有超过 1000 人次的阅读频率。学校配套《阅读护照》认证制度，学生人手一册《阅读护照》，指定一批经典名著和拓展阅读篇目，对学生的阅读情况进行综合测评，授予不同等级的称号。2009 年 5 月 4 日举行的晋江市纪念"五四"运动 90 周年青年集会上，"晋江一中文化丛书"第一辑同步首发，推出了 13 名学生的个人文集，共 25 万字。不久后，第二辑出版。目前正在筹备第三辑的工作。

一所喜欢阅读经典的学校是奋发上进的学校，一个喜欢阅读经典的学生是有品位的学生。在林婧婷同学的成长记录袋里，她满怀深情地描述了自己参加文学社活动的时光："在我成长的路上，必定会有这样一些完全属于自己的物件，将点点滴滴的时光完整承载。我的成长记录袋，便是我用成长中的记忆构筑的小小王国。厚厚的奖状，是王国里的城堡，每一座都有它的独特内涵；优秀的作品，是王国花园里的小径，每一段都铭记着我永不停歇的步伐；优点单上的暖心话语，是澄澈天空中飘浮的七彩气球，每一个都填充了满满的爱与幸福……"

"六卡"活动的开展，为学生创造了展示自我的舞台，让学生得以滋养丰富的知识和精神，收获成功，收获快乐，收获幸福。

"我们是相亲相爱的一家人"

2010 年 5 月 7 日晚，晋江一中科学报告厅高二年级心理情景剧演出结束后，负责心理健康协会和剧务工作的学生，像往常一样留下来整理舞台，打扫会场，并合影留念。伴随着《相亲相爱一家人》的音乐，大家放声歌唱，以这种独特的方法，庆贺演出的成功。

这时，心理健康协会第二届会长陈克智同学说道："为了演出，这两天中午、傍晚，大家都是啃着面包，喝着矿泉水，抓紧时间作准备，很辛苦，尝到了酸甜苦辣，但心里很高兴，因为我们收获了成长……"慢慢地，他的语调变得很沉，语速变得很慢，话还没说完，整个人已经泪流满面了，其他同学和指导老师也都情不自禁地流下了眼泪，现场一片静寂，"此时无声胜有声"，而《相亲相爱一家人》的乐曲声，还在轻轻回荡……

当时，晋江一中共有 47 个学生社团，心理健康协会是其中一个。我们常常说：有一种高贵叫文明，有一种财富叫素养。学生在自己的人生起步阶段，需要正确价值观的引领，需要走出课堂，参与实践，去获得知识的储备和能力的历练，去编织自己富有品位的生活。

记者了解到，心理健康教育是晋江一中办学特色项目之一。早在1999年3月，晋江一中就接受福建省哲学社会科学规划领导小组办公室关于"福建省中小学心理教育体系的构建"课题研究的协作任务，建立起心理咨询室；2004年3月，晋江一中被泉州市教育局确定为晋江市第一所心理健康教育实验学校。多年来，学校坚持开设心理活动课，开展心理咨询和学生朋辈心理辅导，而校本课程"幸福的方法"在持续开发中。

2010年12月31日中午1点，在体育馆的朋辈心理辅导室，心理健康协会举行了一场朋辈心理辅导总结会。原来，第三届会长柯薇薇毕业于一所农村初中，她了解到母校有不少初三同学存在一些心理问题，就利用周六休息时间，邀约了十几个同学，前往母校开展现场心理咨询活动，取得了很好的效果。总结会末，大家又唱起了《相亲相爱一家人》。后来记者了解到，这首歌是晋江一中心理健康协会的会歌。

会生活，追求生活的高品位，实质上是对待生活的态度，不仅不在于做什么，更在于怎么做：把真诚的情感倾注于日常生活，就会体味到生活的文明、幸福和美好。

用故事诠释生活

品位决定人生的定位，决定人生的品质。建设内容丰富、形式多样的学校精神文化，有助于提高学生的生活品位。在晋江一中，文化故事被作为建设学校精神文化的重要载体。当你走进这个既大气又优美的校园，你就能感受到一种处处有故事、时时讲故事的文化氛围。

2011年1月24日，初一年级召开家长会，没有校长的报告，没有教师的发言，只有学生在讲述校园文化故事，讲述自己成长、学习的经历。

跟往常一样，放学了，同学们陆续走进食堂用餐。到了餐厅，一股饭香飘入鼻子里，我也迫不及待地端起餐盘，排队买菜。

各个窗口前的人越来越多，队越排越长。

快到窗口了，我心里一阵轻松。忽然，我看到旁边窗口一个女生点了菜以后，正着急地掏口袋，应该是校园卡不见了。这边，餐厅服务员等着她刷卡，后面排队的同学急着要向前，怎么办？

这时，排在我前面的一位学姐走了过去，把自己的校园卡递给她，轻轻说了一句："先用这个吧。"

"这怎么行？"丢了卡的女生似乎有点儿迟疑。

"先用吧……"

"谢谢你！"女生高兴地接过去，刷了卡，结了账。

这是初二4班赖灵栅同学所讲述的故事。末了，她还分享了自己的思考：什么是不简单？在别人遇到困难时能伸出援手就是不简单；什么是不平凡？勿以善小而不为就是不平凡。我们每一个人，都可以在简单而平凡的生活中，去创造生活的不简单和不平凡。

生活的高品位，需要后天的习得，需要成长环境、教育环境的支撑。讲述、分享、倾听校园文化故事，就是一种美的熏陶，一种精神的洗礼，一种品位的构建。在晋江一中，家长会上讲故事，升国旗仪式上讲故事，教师例会上讲故事，学生班会上讲故事，课堂教学上也讲故事。写文化故事，讲文化故事，用心去寻找生活的亮点，用情去点燃生命的火花，用智慧去撰写人生的高品位。

2011年3月13日，教育部全国教师教育信息化专家委员会委员、上海师范大学教育技术系黎加厚教授到晋江一中作主题为"故事教育学与数字故事"的讲座。他说："晋江一中的文化故事对中国教育作出了很大的贡献。"在他的倡导和推动下，文化故事还与信息技术有机地结合起来。

教育是一项宏大而长远的工程，教育梦想犹如这项工程的规划蓝图，是对学校发展和人才培养的一种设想。有什么样的梦想与蓝图，才可能有什么样的学校与教育。创造一个辉煌的教育，须有一个伟大的梦想。每一位教育工作者都应该努力树立一个伟大的教育梦想，并使之成为自己的一种信仰。

没有这种信仰，教育就难以坚守，就会举步维艰。

一所好学校，理应是一方让教师教育梦想成长、绽放的圣地，是一片引领学生树立、放飞人生梦想的乐园。创办于1952年的晋江一中，在近60年的办学历程中，积淀了丰厚的人文底蕴，取得了可喜的办学成绩。古朴而淳厚的石鼓文化在这里传承，滋养了一代又一代的一中人，演绎出五彩斑斓的教育梦想。如今，在"学生第一"办学理念旗帜的指引下，一中人的梦想，焕发着奇异的新光彩，照亮了不断发展的晋江教育。

（本文原载《福建教育·中学版》2011年第5期，
作者：苏旻、谢冰滨。收入本书时有删节。）

▉▉ 我们不一样

题记：更努力只为了我们想要的明天。

灯焰长长短短，随着风摇曳！

每个人就是那一簇灯焰。

打火，燃焰，亮灯……从此一生。

教师是一盏灯。有的灯焰低点儿，只照亮了灯旁一片；有的灯焰高些，照亮了一整间屋子。有的燃焰时间短，片刻即灭；有的燃焰时间长，千年不息。

语文教师的灯盏上，也许承载得更多些。那里，有着文字、文学、文化等字词在闪动。

我们语文教师不一样。

我是一名语文教师。

我的语文职业之灯，应该亮堂堂的，随风摇曳之间，应该坚定地照亮更多人。

我们的学生，也应该不一样。

"这条小鱼在乎！"

"鲍老师，结果出来了没有？"

2017年5月，我经常收到学生和家长发来的微信信息，都在查询同一件事：晋江少年作家班的入选名单。

我耐心地回复："我们等晋江图书馆的通知，不要着急！"

在此前的4月23日"世界读书日"上午，晋江市第七届悦读节开幕式在图书馆举行，读书活动的一项创举，就是要办首期晋江少年作家班。

我是在《晋江经济报》上读到这则消息的。我想，我们语文教师，应该像桥梁，在学生的知识学习与文学兴趣之间起着沟通、衔接的作用。

我们语文教师，应该为提携晋江市的文学人才助力！

我在自己任教的两个班级，反复鼓动学生报名参加。

强扭的瓜不甜，有真正的兴趣才能走得最远。

"鲍仙（昵称），我可以报名吗？"课间来询问的是学生林怡，怯生生的，感觉不是很自信。

"你当然可以了！平常的生活作文，你写得很认真啊。"我鼓励道。

"鲍仙，我们在微信公众号上报名了！"陈思芸同学跑过来，她笑容满面，热情满怀。

"非常好，我给你们点赞！"

我心中挂念的不止是现在教的初二学生，我还想着上届的学生，他们正在高二奋斗着。

也许接下来参加的自主招生，这个晋江少年作家班学员的资格用得上。

"也许不一定用得上，但如果能继续培养写作兴趣，让他们更坚定地在写作这条路上走得更远，不也是一件很美好的事吗？"

我使出了自己的群发能量。2015届1、2班，2018届19、20班的家长微信圈，发；学生微信圈，发；学生 QQ 群，发；家长 QQ 群，发。没在微信、QQ 里面的学生、家长，我直接发短信过去。我还找出许久没用的飞信软件，再以短信的方式，鼓动了一下：

您好！今年晋江市将举办少年作家班。晋江图书馆将邀请作家大咖，与我们青少年文学爱好者，进行面对面、1 对 2 的辅导。全程免费，机会难得！请您登录晋江图书馆公众号填写资料报名。此项活动可能对我们孩子高三参加大学自主招生有所助益，请尽量报名参加！

主动参与，才有内驱力。

我相信会有人在乎的。

我问那几个不曾教过的学生。

笔试第一名，高二年级的黄沁雅同学说：“我自己报名的啊！”

“可是，你是怎么知道消息的？”

“我有关注晋江图书馆的公众号，看到消息后，就报了名。”

初二 3 班的施雨璐说：“我妈看到了图书馆的信息，问我要不要参与，我就参与了！”

总会有一群学生在乎的。

总会有那么一群热爱文学的学生在乎的！

记得那是《这条小鱼在乎》的故事：

暴风雨后，海边沙滩的浅水洼里，有许多被卷上岸来的小鱼。一个小男孩不停地捡起小鱼扔回大海，有人劝他：“孩子，这水洼里有成百上千条小鱼，你救不过来的。”“我知道。”小男孩回答。“那你为什么还在扔？谁在乎呢？”“这条小鱼在乎！”男孩回答道。

这个故事的寓意很耐琢磨。我们教师很像这个小男孩，一个个学生如同那一条条小鱼。

小鱼会在乎的。

小男孩也会在乎的。

我们都在乎自己的写作兴趣，在乎文学的爱好。

我们都在乎自己的精神追求里，应该有不一样的东西！

每个人都有不同的境遇

"鲍仙，6 月 25 日我们要参加地理、生物的考试，可是晋江市图书馆通知在这一天进行少年作家班的面试，怎么办？"何玫霖同学一接到面试通知的电话，就心急火燎地跑来诉苦。

我苦也。

半个多月前的 6 月 4 日，这一幕已经在笔试环节发生过一次。

周六这一天，对晋江图书馆的安排来说，也就是一次寻常的周六时间。一个周末时间用来笔试，正在学生放假时间，很正常啊。

可是我们现在的学校教育抓得相当紧。很多学校的周六时间都被利用了起来，我们学校初二年级也一样。

怎么办？19 班只有 11 人进入笔试阶段，情况可能还好办些。20 班有 33 人进入笔试阶段，总不能逃课参加吧。

我找许清海主任商量办法。他提了条建议："少年作家班是晋江市宣传部牵头开展的活动，说明政府对这件事很重视。这样，学生上课到报名时间前半小时，家长接送参加笔试，受影响的那两节课，与上课的老师商量改成练习课。参加笔试回来的学生自己找时间按要求补上作业。这样操作，各环节的影响较小，比较可行。"

清海主任的课程协调清晰可行。我马上联系了几位老师商量，算是顺利地解决了时间"撞车"的情况。

没想到，到了面试环节，又遇上困难。这回没有回旋的余地了。

按活动安排，笔试在 6 月 25 日，少年作家班的活动时间在 6 月 28 日到 7 月 2 日。这与三个时间点相碰：6 月 25 日，全泉州的初二学生要参加地理、生物中考——这个前面提过；6月28日，学生要参加初中的期末考；7月3日，泉州市的高中部举行期末考。

这里，初二学生的期末考决定了明年的"直升保送"；那里，高二的期末考决定了高三的分班重组。18个进入面试的初高中学生，在面临自己的升学问题上，没有人会选择放弃学业的。

如果做出取舍，只会舍弃参加少年作家班的活动。

我马上就这一情况，与晋江图书馆的负责人联系，说明困难；同时将泉州市的初中、高中的期末统考的通知，拍照截图，增加可信度。我接着动员学生家长，让他们给图书馆打电话，说困难，摆事实，提建议。希望能将面试时间向后推移！

我知道晋江图书馆已经将全国各地的六位作家，邀约在6月底的同一时间到晋江来，难度本来就已经很大，而今要重新确定一个同时到位的时间，难度更大。

怎么办？

我安慰何玫霖同学："没事儿，好好准备中考，车到山前必有路，事情会有转机的。"

果然，过了两天，少年作家班的面试时间延期到7月中旬。

我细细品读那份进入面试的18人名单，晋江一中、华侨中学的学生占了一大半。

写作实力，使这批人脱颖而出。

努不努力，使每个人有不同的境遇！

林霖的母亲说："我女儿很重视这个作家班的活动，我让她多看看名著，她却说，我要多讲些我喜欢的作家，我喜欢余华的作品。面试有机会的话，我要多说说读余华小说后的心得。"

林霖的努力，让她顺利进入了少年作家班。

何玫霖同学的做法不一样，她说："面试前我大量阅读文章。面试那天，考官让我当即介绍一个亲人。刚好我头天晚上读到了一篇写祖母的文章，印象特别深。我立马联想到自己的奶奶，用了过来。我感觉效果很好。"

何玫霖的努力，让她最终进入了少年作家班。

……

12位进入少年作家班的同学，各有各的绝活，各有各的努力。

每个人都有不同的境遇！

但努力，让每个人都能开启自己的文学之梦！

我们不一样

"鲍仙，当当当当，我的文章发表了！"

陈冰兰同学满脸笑容，喜悦溢于言表："鲍仙你看，就是这篇《燃烧自己的最后一滴眼泪》。"

我边开涮她，边将杂志翻过来看看：《泉州文学》，2017年9月刊。

"小样！看你嘚瑟的样子。不过《泉州文学》不容易啊。冰兰同学，你太厉害了！你已经走在老师前面了。初三继续加油啊！"

其他几个同学围了上来。

同一期杂志上，学生林霖发表了《星空》，何玫霖发表了《我的成长与奶奶的缝纫（外一篇）》；上届学生中，林芯怡发表了《追逐自由的风》，柯翰杰发表了《穿梭光阴的地铁》。

我还记得，在8月，他们的其他作品已经发表在了《华西都市报》等报刊上。

"鲍仙，我也有！"

"啊？有什么？"

"有作品发表啊！"

"发表在哪本刊物上？"

"也是《泉州文学》啊！"

"不会吧！"

让我异常惊愕的，挤进来与我对话的，是学生陈姝涵。

姝涵同学当时以小数点后的几个差距很小的数据，遗憾落榜。

她的作品，发表在《泉州文学》2017 年 7 月刊，散文《悠悠竹箫》，写出了自己对爷爷无尽的思念之情。

　　她的努力，让自己并不输在结局上。领先于其他少年作家班的同学正式发表作品，姝涵同学甚至可以说走在大家的前面了。

　　大家走的道路不一定一样，可是大家追求文学之梦的努力是一样的。

　　大家坐在一起，一样的校服，可身材高低胖瘦不同，五官相貌不同，我们不一样。

　　十几门学科，挤在一起学习，可成绩有长短，我们不一样。

　　在追求心中的文学之梦的理想之前，我们更不一样。

　　几阵风过，灯焰晃动了好几下。灯芯的态度很坚定。

　　我们是那灯焰，更是那条灯芯。

　　学生和我们都有理想，我们不一样。

　　我们都有文学追求，我们更不一样。

（鲍国富）

第二辑

文化故事的教育涟漪

从全体教职员工、学生，再到家长、校友，从个人生活到集体活动，从学科教学到学校管理，从同伴共济到师生交往……

十多年来，晋江一中人人讲述文化故事，时时分享文化故事。一阵阵文化故事的涟漪，荡漾于晋江一中优美的教育之水面，并参与到晋江教育发展和"晋江经验"的汹涌大潮中。

十多年来，晋江一中以立德树人为魂为纲，不断提升文化故事的内涵和品质；以文化故事为体为目，不断助力立德树人的实施和推进。

我们有信心创造属于晋江一中的"文化故事教育学"，更好地服务于立德树人目标、任务的实现。

赞赏：教职工文化故事

2009 年，晋江一中开启了文化故事活动，引导和鼓励全体教职员工从晋江本土、从校园生活、从身边同事、从自己身上，发现故事、创作故事、讲述故事、分享故事。这是一个自我反省、自我教育和相互启迪、相互刷新的过程，它营造了一种唤醒自我、唤醒美好和赞美他人、赞美优秀的文化氛围。

▓▓ 行走在路上的教研

"有两张照片，一张是两个时髦少女，上穿紧身衣，下着膝盖、大腿小腿处都有大开衩的裤子；另一张是三个小孩，穿着不能蔽体的衣装。两张照片放在一起，下方一行醒目大字：有钱没钱都一样。"

一个周一上午，第二节下课时，高三年段室，江琴老师提出了这样一个话题。她问道："两张照片说的是什么？应该怎样立意？"

正说时，升旗集队的音乐响起。我们几个人匆匆奔出年段室。"可以就'审美观念'谈自己的看法。"一边下楼，张素婷老师一边审慎地说。

我点头表示赞同。"有钱没钱都一样"，表面上看，"一样"——都穿"破烂"的衣服；实质上，是"不一样"的——俩少女"有钱"，是有意而为之，仨小孩则"没钱"，是无奈，他们在精神上和物质上都处于极端的状态。这不能不引人思考。

"作文时可以其中一张照片为主谈自己的看法，但要兼顾到另一张照片。"红红老师说。

"以少女的审美观、价值观为重点来谈看法，会比较容易处理，也比较有话可说；如果以仨小孩的贫困作为重点，恐怕难度会比较大。"江琴老师略有所悟。

"是的，还可以由此上升到对人类社会在物质文明和精神文明发展中遇到的种种异象和问题的思考，寻求原因，探索解决的办法。"在大家的谈论中，我又有了进一步的感悟。

"对呀，这样作文就有了层次感，也更有深度。"素婷老师拍手赞同。

从教学楼五楼高三年段室到升旗教师集队点，江琴老师、素婷老师、红红老师，还有我，四个人边走边议，把一道难解的作文题给"研"开了，大家都感到豁然、畅快。

回想高三一年，已经记不清，在年段办公室，在同行的路途中，我们有多少次是在这样的闲聊中解决了教学的难题，走出了教学的困境的。

正因为无意识、不刻意，才更表现出"研"的真诚、"论"的自然、"处"的和谐。因为——

（1）教研是一种交流。交流是教研的重要形式，没有交流，教研就关上了彼此思维、情感的门窗。教研可以是一种制度下的活动，更应当是一种日常的状态。具有生活性的教研，来得更亲切、更自然，更有利于团队的沟通和协作。

（2）教研是一种探究。有的教学研究，常常流于形式，让人产生审美疲劳。究其原因，是教研止于表层，没有深入事物的本质，没有贴近教育现

立德树人：从故事到课程

场。好的教研，给人知识的营养，给人探究的快乐，给人成长的满足。

（3）教研是一种修身。教研，顾名思义是一种教学研究。传统的教研，往往注重教学方法上的改进或变革。其实，教研本质上是一种求知，一种修身。站多高才能看多远。教研不仅要研怎么"看"，更要关注怎么"站"。

（陈秀燕）

■■ 石鼓山上的胡子大哥

晋江一中的石鼓山上，特别是"众言堂"即将举行大型活动时，总能看见一个身影。他个子不高，体形偏瘦，总是戴着帽子，来回穿梭……他就是刘翼老师。由于他总是留着一撇小胡子，大家都叫他胡子大哥。

2017年年底，学校通过了福建省示范高中评估验收，并以"99+3"的成绩获得全省并列第一的好成绩；2018年2月2日，福建省高中新课程改革现场交流会在我校举行。真是好事连连，可谓双喜临门。

为了让这场交流会开得更好，学校决定在"众言堂"的舞台上装一个LED屏幕。这个LED屏幕面积大，清晰度高，很大气，很有品位。有这么好的设备，该怎么充分发挥它的作用，或者说，怎么设计好背景呢？

起初，大家的意见是：以红为底色，金色的字样，图景是学校大门，这样显得非常吉祥、喜庆。胡子大哥提出，这个会是一个学术研讨会，应该表达一种庄重、自主的氛围。最后确定为：以蓝色为底色，以红色为字样，图景左边是晋江跨海大桥，右边是晋江一中的博贤楼，既体现了晋江的元素，又根系于晋江一中的标志性建筑文化。修订后的背景图，给人的感觉是清新、大气、和谐，富有一种积极向上的活力。

有了这个LED屏幕，活动效果提高了；有了这个LED屏幕，来我校举办的校外重大会议变多了。同时，因为有了这个LED屏幕，需要参与、需要提供支持的老师也变多了——这其中，当然少不了胡子大哥。

不管是学校的活动，还是上级领导部门的活动，如何准备、如何把握、如何控制细节等问题，胡子大哥都能做到胸中有纲，精准把控。特别是在他的影响和带动下，每次大型活动，都能组织起一个工作团队——大型的活动，不仅需要音响、灯光和 LED 屏幕，更重要的是，三者必须紧密配合，只有这样才能达到最佳效果。

晋江一中的石鼓山上，胡子大哥，已经不是一个人，更是一个团队，而他是这个团队的榜样。

我想，专注做事是一种态度。一个 LED 屏幕，一个会场，在学校的生活中，只是一个小小的角落和一个小小的物件，但是，任何大事都是由无数件小事组成的，专注于每一件小事，做好每一件小事，就能让涓涓细流汇成江河大海。

而江河大海体现的是团队合作的精神。"众言堂"的会议或演出，都需要后勤的保障，而我们是一支临时组成的队伍，若没有合作的精神，就难以形成战斗力。

像胡子哥这样精于业务已是一种境界。无论是照相、LED 屏幕的播放，还是音响的调控，体现的不仅是技术，更是一门艺术，需要一种精益求精的态度，一种艺术审美的眼光。我相信当我们把真善美传递给现场的每一个人时，自己也提升了艺术的境界。

（林松辉）

▓ 绿叶的故事

题引：花的事业是甜蜜的，果的事业是珍贵的，让我们来做绿叶的事业吧，因为叶总是谦逊地，垂着她的绿荫。

教育的事业是叶的事业。每一名教师就是一片绿叶，孕育着未来的花朵。

一夜未眠，想想真是愧对学生，我真想豁出去再坚持几天，真的很舍不得我的班。可是现在没办法了，也给你的工作带来麻烦了，不好意思了。麻烦你帮我们班安排好。我心里真的很不安，拜托了！

我可能又要手术了，很害怕。准备到福州会诊一下。

星期一再到福州检查。我真的是个笨蛋，本以为可以坚持住，可现在又只能把班级放在一边了。

接连三条短信。发短信者是个怎样的老师？她病情严重，需要手术，但一直牵挂着自己的班级。她力不从心，只能无奈地把班级托付他人……她就是林艳老师。

2009年8月20日，在前往学校的路上，林艳老师不幸遭歹徒抢劫，不仅钱财尽失，而且身受重伤：右脚趾骨裂，右肩锁骨骨折，右脑遭受重创。医生告诉她，需要花三个月的时间进行手术与疗养。

11月9日，林艳老师重返讲台，比预期提前了好些天。她身体并未痊愈，属于带病上课。2010年1月中旬，她病情复发，长时间站立的脚隐隐作痛，握着粉笔的右手会不停地抖……

白天，从早上到晚上，林艳老师与学生在一起超过十个小时。夜里，剧烈的头痛让她辗转反侧，每晚只能睡上三五个小时。

是什么让林艳老师一直坚持着？是职业自觉，是专业责任感，还是一颗强大的关爱之心？

犹记得林艳老师重返讲台不久后的12月14日，她公开执教《小溪流的歌》，可谓轻松时尚，精彩纷呈。然而，两周后的复检报告显示：右脑有血块，压迫视网神经，视力模糊，锁骨螺丝松动……此时，距离期末考只剩一个月时间，"再撑一个月吧，前面两个月都撑下来了，不差这个月"。

她强忍着病痛的煎熬，悬着一颗恐惧而坚定的心，每天依然早出晚归。备课、上课、批改作业、与学生谈心。

2010年1月20日，距离期末考只剩一周的时间，林艳老师的脸部出现严重浮肿，右手已无力再拿起心爱的粉笔，她不得不再次入院治疗。

在经历了多次的手术治疗之后，林艳老师的病情终于有所好转，2010年9月开学，她又回到了念念不忘的课堂，又见到了日夜思念的学生。但是，一个月后，由于脑部还有残存的血块，林老师病情复发，只好被迫离开心爱的课堂，到北京做彻底的手术治疗。

人们喜欢用"蜡烛""春蚕"来歌颂教师，但我觉得那过于悲壮。我更愿意用绿叶来形容林老师，她默默耕耘，不求回报！她所倾注的心血，不就是绿叶传递给花朵的养分吗？

（吴雅蓉）

■■ 咱的老头

老头，是我们对黄旭辉老师的称呼，他是我们体育组的组长，我们的头儿。

那是2010年，炎热的夏天，略显沧桑的老头告诉我，他留高三，将和我一起带毕业班运动队训练，准备来年的体育专业高考。

那天下午，我们决定进行体育专业初次测试。学生三三两两地来了，白白净净的，怎么看也不像运动员，更有甚者，一些常规的准备活动都不懂。第一节课，是有关跑的专门性练习，讲解、示范、训练，再讲解、示范、练习。晚上，我们把学生成绩换算出来。果然，测试结果在意料之中，最高分，也才勉强及格。

这样的学生算什么"运动队"！算什么"特长生"！我退却了，不是不想干，而是干不了。但不干行吗？高三了，能想不干就不干吗？我疑惑了，徘徊了。

老头看出了我的失落。他极力说服我，调整训练计划，加大力量性练习。他说，希望还是有的。他这方面的经验我是信服的，于是，一周三次的重压杠铃开始了。几周下来，学生们练得确实辛苦，汗水没有少流，酸痛那是"家常便饭"。

在训练期间，有的学生偷懒，坚持不下来，想来就来，想不来就不来。老头忍不住发火了。于是，我们选了李松波同学当队长，同时，严明纪律，延长训练时间，并在田径场装上了灯，让夜幕灯光下的田径场充满着诱惑力。

每天训练结束后，看着老头拖着疲惫的身躯，迈着蹒跚的步履，坚持和学生一起慢跑放松时，我就想起电影《江姐》里华阴山脚下那个慢跑的硬汉老头。这样的画面定格在我的脑海里，时时感动着我，鞭策着我。

日子一天天过去，学生们变黑了，变强壮了。我变瘦了，老头更瘦；我变黑了，老头更黑。但是，看着学生们意气风发的样子，我舒心地笑了，老头也憨憨地笑了。

就这样，秋天一晃过去了，冬天来了。

老头特别怕冷，并不怎么冷的晋江，也能让老头把自己包得严严实实。他说可能小时候冻着过。

为了更好地完成冬训任务，我和老头为学生陪练。我时常给学生们讲大学里的美好生活，讲人生的美好前景，激发学生们训练的动力，做敢作敢为、顶天立地的大写的人。

那段日子里，老头尽管怕冷，但整个冬训，一天也没落下。

春天来了，桃花开了。清明时节，我们兴高采烈地踏上征程，前往福建师范大学参加考试。开考那一天，老头暗暗祈祷有个好天气。然而，天有不测风云，下起了滂沱大雨，而考试，依然进行着。有的学生害怕了，老头挥动拳头，坚定有力地说："怕什么，别人也一样。我们在雨中也训练过，怕什么。"学生们终于安下心来。我理解老头的良苦用心。

考试场地很大，学生要分组考试，于是我们从这一头走到那一头，顶着阴阴的风、冷冷的雨，来来回回，不知走了多少路。衣服湿了，脚起泡了。老头趴在冰冷的铁栏杆边上，踮着脚尖，扯着沙哑的声音，喊道："萧志超，注意三跳节奏。"

我又感动了，感动于老头的敬业与付出，也感动于令人满意的考试结果，因为它镌刻着学生的成长历程。

（陈锦）

■■ 石鼓山上的大"师"

晋江一中校园里的石鼓山，人杰地灵，出了许多大"师"。正是因为有这些大"师"，石鼓山成为晋江学子的心仪之地，晋江一中成为八闽大地名副其实的名校。

设计师陈秀燕

赖佳佳老师初识陈秀燕老师时，语文组正在给教师技能大赛的参赛老师们磨课。

秀燕老师一句"过分求同"，切中肯綮。她对课堂设计的高标准、严要求，给佳佳老师留下了深刻的印象。加上有"师徒"之缘，佳佳老师开始抓住各种机会汲取秀燕老师的智慧。

佳佳老师在结对子的故事里写道："在《记念刘和珍君》这一课上，陈老师用'记念什么''为什么记念'和'如何记念'三个问题，分别引发人物形象的分析、作者情感的把握和写作手法的探讨，非常简约，而在'主问题'之下的追问，却体现了其中的不简单之处，例如，在'记念什么'这一问题的探索过程当中，进一步追问'作者为什么要记叙刘和珍的这几件事'，这就启发了学生将着眼点落在'暴徒''受人利用'等文本细节之处，引导学生突破原有认知。"

让佳佳老师感到受益匪浅的，除了陈秀燕老师在课堂上辩证设计宏观问题与微观问题的教学智慧之外，还有具体的教学指导。听完佳佳老师《就任北京大学校长之演说》一课后，秀燕老师立即给予针对性指导，建议佳佳老师重新组织课堂流程，先完成"一篇"，再带动"一类"，先进行文本的个性化解读，再引导把握"演说"的共性特征，"而不是先扣帽再解读"。这一次指点，让佳佳老师感悟到：有必要去区分"内容的逻辑"和"理解内容的逻辑"。

在高三培优复习课中，秀燕老师实事求是，深入调查学生的学习需求，坚持以学定教，服务学生"按需选课"，比如"古诗的思想内容和作者的观点态度"这一课，就有七八十位学生选上。

在我们高中语文教师的眼中，秀燕老师的课堂基于学情，严谨、思辨，充满智慧，要言不烦，大气简约而有正气；而在评课中，她又一语中的，直抵核心，常常令人茅塞顿开。

扎实、真实、求实，秀燕老师不愧是我们的设计师。

魔术师颜晓玲

许凯琪老师说："我们有一个专门传资料的 QQ 群，里面所有的文件几乎都是颜老师传的。不管是白天还是晚上，不论是工作时间还是放假时间，甚至临近凌晨都可以看到颜老师精心挑选上传的资料文件。她总是冲在收集各地资料和文件的第一线，并敏锐地寻找好题新题，为备课组前进的脚步指明方向。"

"整天刷题，都没时间逛街，她啊，除了教书什么都不会。"陈锦老师有一次在聊天中埋怨说，但这埋怨中似乎又有一种为妻子专业出众而赞叹的骄傲。

"现在数学竞赛，每次要上一个专题，没有刷上 100 道题，我可不敢上讲台。"颜晓玲老师的这句话，让陈校长感慨不已。

颜老师对学生的付出也是极多的，无论是不是她的晚修，每晚差不多都能看见她在班级的身影。对于学生提出的疑难问题，她很耐心，又能一针见血地直击关键和重点，听她讲解数学题成了一种享受。

刷题刷到一定量，才能实现量变到质变。颜老师一直刷题，是为了不让学生刷太多的题，是在贯彻"累教师而不是累学生"。

在刷题时思考问题，在刷题中总结经验，在刷题后点化学生，颜老师，不愧为刷题界的魔术师。

统筹师庄新恭

"这一届高考，物理满分的泉州有 6 人，咱们一中就占 3 人，你怎么做到的？"校长打电话"采访"庄新恭老师。

"学生自己努力，加上一点点运气。"新恭老师笑了笑，颇为淡定地回答说。

因为实在太忙，抽不出时间，现场的采访只好"安排"在教师餐厅。

"什么课都要备好。除了吃饭、睡觉和锻炼身体，都在备课刷题。我最怕写材料了，我宁愿去刷题也不愿写材料。"新恭老师打开了话匣子。

"这三个满分的全部都是物竞生，就是物理竞赛生。参加竞赛，对高考成绩的提升当然大有帮助。说实在的，应该替学生感谢一下支持竞赛的元平胜段长。有的人对竞赛有偏见，但事实胜于雄辩，竞赛对学生的思维提升很有帮助！"他的话里有自豪，有感恩，也有一种捍卫的意味。

"听说你也是刷题界的高手？"

"我买的竞赛书可以从这边排到那边。"新恭老师从食堂的这一边墙指向另一边墙"嘿嘿"一笑，说道，"当然，有的书我一买就是 3 套，一套放家里，一套放宿舍，一套放年段室，这样我就能够想刷题就刷题，想研究就研究。这样可以充分利用时间，比较高效。"

"说实在的，这些物竞生都很厉害，解题能力都超过我了，我更多的是调教，有时候出一些题让他们讨论，提供一些理论视角，让他们多一些思考的路径。"他话里的谦虚，让人心生敬意。

"下一步要取得突破，拿'国家二等奖'甚至'国家一等奖'，必须从初中就开始抓，初高中一盘棋；还要去了解出题人的研究方向，这个就要跟踪一些高端的专业期刊。还有一个，大城市的高校直接拉高中生去大学做项目，咱们目前没这种资源，我们能不能想想办法？"他对竞赛的思考，不仅仅停留在试题研究上。

他的思考，他的侃侃而谈，让人看出他既能"入乎其内"深入研究试题，又能够"出乎其外"宏观运筹。

新恭老师，不愧为竞赛界的统筹师。

（庄清海）

讲述：学生文化故事

　　教师讲述文化故事的系列活动进行了一段时间、积累了一定经验之后，我们鼓励学生在"每日两讲"、主题班会、"国旗下讲话"等各种场合，讲述自己、同学、老师、班级、宿舍、社团等各种主题的故事，以此开辟了一片立德树人的新天地、一条促进成长的新路径。在故事中感悟、在故事中成长的"讲述文化"，正在逐渐形成。

　　其中，"每日两讲"，是在下午上课前、晚修前 5 分钟，由学生轮流上台讲述班级故事、格言故事，其他同学进行点评。

■■ 每日两讲

班级故事：患难见真情

　　"哒，哒，哒……"随着有规律地敲打地面的声音渐渐靠近，大家知道，赖同学就要进教室了。

　　自从体育课上打橄榄球受伤后，赖同学的左脚就打上了厚厚的石膏，行走时需要两根拐杖来帮忙，上下学有诸多不便，生活亦难以自理。在家上了几天网课后，他坚持返校上课，备战期末考试。

可是，上下楼和吃饭问题，该怎么解决呢？

那天早上来到教室，一贯早到的张同学竟然迟迟未出现，赖同学的位置也是空着的。直到早读开始后，才从不远处传来"嗒嗒"的声音。只见赖同学正艰难地用双手撑着拐杖，一只脚一步一步地跳着进教室。他略微有些着急，显然是不想早读迟到，更不想打断大家早读的节奏。

紧跟着赖同学走进来的，正是张同学。他帮赖同学背书包，细心地照看着他的脚下，生怕赖同学不小心摔跤。能够想象得到，从宿舍到教室一路走来，距离不短，且要爬上六楼，都是张同学小心翼翼地搀扶着赖同学。

如此日复一日，担负着照顾"特殊"同学的任务，这份精神，让大家赞不绝口。

赖同学的吃饭问题又是如何解决的？每次午后经过教室，大家都能看见几个饭盒躺在走廊边上"晒太阳"，它们的主人就是赖同学。每天中午，林同学都不辞辛苦地帮赖同学打饭，再气喘吁吁地跑上六楼，送到赖同学的桌上。待赖同学吃完，又毫无怨言地帮他洗饭盒，于是便有了在午后阳光下晾晒饭盒的情景。这份同学情谊，让人感动。

赖同学的腿脚不方便，可同学们的帮助给了他无穷的动力，更让他明白，眼前的难关并不是一个人独闯的关卡，而是大家携手共进的最好注脚。

（2020 级高二 1 班　叶芊）

班级故事：恒心与毅力

高中生活，犹如一幅多彩的画卷，记录着点滴美好；高一 17 班的榜样故事，便是其中浓墨重彩的一笔。

走进 17 班的教室，迎面而来的是一种严谨、专注的氛围，只见大家都坐在座位上，目光聚焦于眼前的题目。这时，如若你脚步稍重一点，便仿佛在平静的水面丢入一颗石子。我走到自己的座位，只见同桌林鸿滨正聚精会神地钻研数学难题，我的脑海中不禁浮现出两天前的那件事情。

"叮叮叮……"下课铃声响起，大家陆陆续续地前往食堂用餐。"嘿，吃饭去！"我催促鸿滨，可是无人应答。我凑上去一看，只见他一脸严肃，眼睛里闪烁着光。多次"喊话"无果后，我只好独自奔向食堂。

大概30分钟以后，我返回教室，只见他仍全神贯注，连姿势都未变过。突然，仿佛触电了似的，他身子一颤，开始奋笔疾书……几分钟后，他似乎解决了难题，起身伸了个懒腰。

"你还没吃饭？"我回过神来，问道。

"现在就去！"鸿滨笑了笑，哼着歌儿走了。我望着他的座位愣神，心中感叹着："面对一道难题，竟能够一动不动！"

现在，我眼前的场景，又何尝不是这样。大家都在思考着数学老师留下的题目，没有一个人轻言放弃，也没有一个人焦虑、浮躁！已经下课很久了，可是大家似乎摆脱了时间的约束，沉醉于对难题的追问和解决之中。

这样的恒心与毅力，这样紧张而又有序的学习氛围，就像无形的榜样，督促我坐下来，静下来，拿起笔，动起脑……

（2021级高一17班　曾昱斌）

格言故事：成功由己不由人

大家好！今天我想跟大家分享两位名人的故事。

从香港无线电视（TVB）艺员训练班毕业后，周星驰并没有得到机会马上可以从事自己挚爱的表演行当，而是被安排接棒好友梁朝伟，做了儿童娱乐节目《四三零穿梭机》的主持人，播出时间是下午4点半这个冷门时段，一待就是整整六年。

在此期间，周星驰看着梁朝伟不断接拍电视剧、电影，很快大红大紫，而自己却做着自己并不喜欢的儿童节目主持人，无人喝彩不说，还要忍受别人的漠视、歧视。连一位好友也说他"整天做白日梦，幻想成为大明星"。更让人难堪的是，有一家报纸发表评论说，周星驰只适合做儿童节目主持人，不适合做演员。

不过，周星驰没有自暴自弃，他认认真真地把那张报纸上的报道剪下来，贴在床头，以此来激励自己，并发誓开创一番大事业。后来的事情，大家都知道了，靠着"无厘头"的表演方式，周星驰成为粉丝无数的喜剧大师。

无独有偶，足坛万人迷贝克汉姆也有过类似的遭遇。1998 年法国世界杯上，贝克汉姆因踢人被红牌罚下，导致英格兰队以 10 人对 11 人，最终在点球大战中负于阿根廷，止步 16 强。出现这样的结果，小贝自然难辞其咎，他也为自己的不理智举动付出了惨重的代价。

一夜之间，贝克汉姆由天之骄子变成英格兰全民公敌，遭受千夫所指，曾经最爱小贝的家乡球迷，在球场边以愤怒的眼神瞪着他。为了让自己知耻而奋进，小贝把"球迷的愤怒"这张照片放大后，悬挂在家里的客厅，提醒自己永远不要忘记失败的痛苦。

孟子曰："耻之于人大矣。"耻辱感，是捍卫自尊的基础与追求自强的动力。在生活中，每个人都难免遭遇冷眼、非议与侮辱。面对屈辱，有的人麻木不仁，浑然不放在心上，犹如风过水无痕；有的人仿佛遭遇毁灭性的打击，不堪承受重压，就此沉沦；有的人，比如周星驰和贝克汉姆，却将屈辱挂在墙上，当作向上的动力，激励自己永不停止前进的脚步。

没有人知道，成功者功成名就的背后，隐藏着多少不为人知的辛酸与委屈。但我相信，总有一些人，能够正视他人所给予的屈辱，知耻而后勇，把屈辱挂在墙上，当作引爆自己小宇宙的那根火柴。而这样的人，必定能把成功的果实牢牢攥在手中。

（2020 级高二 2 班　蔡灿煌）

格言故事：真诚待人

今天轮到我讲格言故事。碰巧不久前，我读了一个格言故事，有了一些感想，所以就和大家分享这个故事。它的题目简洁明了，叫"真诚待人"。

弗莱明是苏格兰一个穷苦的农民。有一天，他救起一个掉到深水沟里的孩子。第二天，弗莱明家门口迎来了一辆豪华的马车，从马车上走下来一位气质高雅的绅士。见到弗莱明，绅士说："我是昨天被你救起的孩子的父亲，今天特地过来向你表示感谢。"弗莱明回答："我不能因救起你的孩子而接受报酬。"正在两人说话之际，弗莱明的儿子从外面回来了。绅士问道："他是你的儿子吗？"弗莱明不无自豪地回答道："是。"绅士说："我们订立一个协议，我带走你的儿子，并让他接受最好的教育。如果这个孩子能像你一样真诚，那他将来一定会成为让你自豪的人。"弗莱明答应签下这个协议。

数年后，弗莱明的儿子从圣玛利亚医学院毕业，发明了抗菌药物盘尼西林，一举成为天下闻名的弗莱明·亚历山大爵士。

一年，绅士的儿子，也就是被弗莱明从深沟里救起来的那个孩子染上了肺炎，是什么将他从死亡的边缘拉了回来？是盘尼西林。那个气质高雅的人是谁呢？他是二战前英国上议院议员老丘吉尔。那绅士的儿子又是谁呢？他是二战时期的英国首相丘吉尔。

本杰明·富兰克林曾说过，一个人种下什么，就会收获什么。我们如果真诚待人，别人也会真诚地对待我们。弗莱明因为真诚才让自己的儿子有了成才的机会。老丘吉尔也因为真诚才挽救了自己儿子的生命，并使之成为20世纪影响人类历史进程的政治家。

这个故事让我深受触动，所以将这个故事分享给大家。一个人如果真诚待人，帮助别人，那么，在你有困难的时候，就一定会有人向你伸出援手！所以，真诚地对待他人，便也是真诚地对待自己，不仅是为他人，也是为自己！

（2020级高二8班　林思懿）

格言故事：回报

人生就是一个守恒的过程：有得必有失，有舍必有得。

马尔克斯在《百年孤独》中说：我们趋行在人生这个亘古的旅途，在坎坷中奔跑，在挫折里涅槃，忧愁缠满全身，痛苦飘洒一地。这世上，没有哪种生活只甜不苦，也没有谁的人生只苦不甜。

很多时候，那些痛苦，其实都是来渡你的。

人的运气也是守恒的：你有多善良，就有多好运。《水木格言》中有这样一句话：不管是高贵贫贱，心地善良都是人的根本，如果你一心利于他人，即使根本不求回报，回报也会突如其来。

你积累的人品和善良，总会在不经意间给你带来好运。

几年前，50多岁的村民闫志东在田里干活时，听到一名女童大声呼救。他立马扔下农具，顺着声音传来的方向飞奔而去。

原来有3个孩子掉进河里了，他们一边扑腾，一边喊叫，眼看着就要被河水吞噬。闫志东二话不说，跳进河里，最终成功救起3个孩子。他说："那一刻根本来不及多想，只有一个念头，就是救人。"

一年后，闫志东的女儿被查出白血病。为了给女儿治病，他花光了家里的全部积蓄，还找亲戚朋友借了20多万元。正当闫志东为此发愁时，网友们知道了他的遭遇。他曾经救人的事迹又被提起，无数人向他伸出了援手。最终在大家的帮助下，闫志东获得了30万元的爱心捐款，救回了女儿的命。

很认同这样一句话："爱出者爱返，福往者福来。"

正因为闫志东之前救人种下的善因，才有了后来救回女儿的善果。真正善良的人，不会吃亏。

不管你从事什么工作，扮演什么角色，都别忘了用一颗善良的心去守护遇见的人。

你的善举，一定会在未来的某一刻，为你带来好运。

（2019级高三13班 赖诗瑶）

■■ "国旗下讲话"

弘扬五四精神，争做时代先锋
——2019 年春第 13 周 "国旗下讲话"

尊敬的老师，亲爱的同学们：

大家上午好！

我今天 "国旗下讲话" 的题目是 "弘扬五四精神，争做时代先锋"。

1919 年 5 月 4 日，中国一批先进青年知识分子发起了一场席卷全国的伟大爱国革命运动，拯救中华民族于危难之际，向世界展示了青年人的力量。

如今，一个世纪过去了，实现中华民族伟大复兴的征程进入了新时代，它呼唤中国青年要有新担当和新作为。对此，习近平总书记在 "纪念五四运动 100 周年大会" 上发表了重要讲话，对青年人提出了几点要求。

第一，新时代中国青年要担当时代责任。青年要勇挑重担、勇克难关、勇斗风险，保持越是艰险越向前的刚健勇毅，勇立时代潮头，争做时代先锋。

第二，新时代中国青年要勇于砥砺奋斗。奋斗是青春最亮丽的底色。民族复兴的使命要靠奋斗来实现，人生理想的风帆要靠奋斗来扬起。我们都清楚地知道，奋斗不只是响亮的口号，而是做好每一件小事、完成每一项任务、履行每一项职责。学校刚刚结束的纪念五四运动 100 周年合唱比赛中，高一、高二年级的各个班级在舞台上彰显了晋江一中学子朝气蓬勃的精神面貌，抒发了晋江一中学子的青春激情和时代豪情。所谓 "台上一分钟，台下十年功"，每一个班级在赛前都精心准备、认真排练，"众言堂" 前、操场上、教室里，总能看见同学们排练的身影，听到同学们洪亮的歌声。合唱比赛的圆满成功是每一位积极参与、共同奋斗得来的。我们要发扬合唱比赛的团结奋斗精神，勇做走在时代前列的奋进者、开拓者、奉献者，毫不畏惧，面对一切艰难，用青春和汗水创造辉煌！

第三，新时代中国青年要练就过硬本领。青年是苦练本领、增长才干的黄金时期。"青春虚度无所成，白首衔悲亦何及。"青年要增强学习紧迫感，如饥似渴，孜孜不倦。在我们的身边，有许多学习的楷模。高一12班的王灿煌同学对学习有饱满的热情，特别是对于自己的优势科目，他不满足于老师布置的作业，而是主动出击、主动学习。自己买来许多书，为自己"加餐"。王灿煌同学的精神品质值得我们学习。我们新时代中国青年，要珍惜韶华、不负青春，努力学习、掌握科学知识，锤炼过硬本领，不断发展自我，为成为更优秀的一中人而努力。

青年是整个社会力量中最积极、最有生气的力量，国家的希望在青年，民族的未来在青年。新时代中国青年要继续发扬五四精神，以实现中华民族伟大复兴为己任，不辜负党的期望、人民期待、民族重托，不辜负我们这个伟大时代。

最后，祝愿高三的学长学姐们在一个月后的高考中取得优异的成绩。也向在场的青年朋友们致以节日的祝贺！

（2019级高二1班　王宇翔）

课本剧促成长
——2019年春第15周"国旗下讲话"

尊敬的老师，亲爱的同学们：

大家早上好，我是高二13班的王正潇。

就在上周日，随着两校课本剧汇演的落幕，耗时半年的课本剧大赛告一段落。身为学校话剧社社长，同时也是本班课本剧小组的组长，今天想借此机会分享我在活动期间收获的感动与思考。

本次课本剧比赛，是一场真正意义上全员参与的比赛。每个班级，每个小组，自编自导自演，演绎课本上耳熟能详的情节。全员参与作为课本剧活动的初衷和主旨，极大地调动了同学们的积极性与创造力，身为组长的我感触最深。

以往集体活动默不作声的一部分同学，在这次活动中都踊跃参与，提出了不少新奇的点子。随着一层层的筛选，从班级竞演各显神通，比拼节目效果，到年段竞演同台竞技，展现综合实力，最后到校级汇演，精品汇聚。能一路晋级到最后的班级，无论名次如何，都是值得高兴的，因为在这个过程中，大家的组织能力、协调能力、艺术鉴赏能力都得到了极大的提升，是一次不可多得的历练。半路止步的班级也不必气馁，不同的位置有着不同的风景，因为这点遗憾，大家能收获更多。

话说到这儿，其实我们班，也在半路上"倒下"，错失了晋级的机会。因为班级顺位，倒数第二位上场的我们，观看完其他小组的表演，一致认为，我们有着冲击校级汇演的实力，大家都胜券在握。怎料一上台，意外出现，原本精心挑选的、用于烘托气氛的背景音乐无法播放，台上的演员们都愣住了。后来幕间切换，我决定坚持演完，但结尾由背景音乐烘托的、用于升华主题的朗诵只能删去，故事匆匆结束，没有挥出那给评委和观众心灵的一记"重击"。最终我们班级位列第五，离校级汇演舞台只有一步之遥。

身为组长的我，面对如此大的问题，感到无比内疚，但事后又想起了那句老话，重在过程，不论结局如何。在组员们的安慰中，我不再感到迷茫。事实证明，我们的努力还是得到了肯定。年段内评选优秀演员，8个名额我班占3个，这是平日里重点抓演技，让大家深入感受表演的成果。有得有失，才是竞技的魅力。

正如许清海副书记在校级汇演结尾提到的，课本剧比赛是一个"生本课程"，着眼于高考，更要超越高考，对此我感同身受。近几年，高考不断改革，考查内容往多元化发展，越来越注重同学们的综合能力。课本剧着眼于课本，却又超脱出课本，把自己放在课文中人物的位置，或尊重原著，体会特定时代下芸芸众生的感受，或续写演绎，以自己的理解给故事增添色彩，无论哪种方式都顺应了活动的目的。对于我而言，能看到平日里不苟言笑、毫无存在感的同学，在台前幕后展现自己的另一面，就是最大的感动。身为一社之长，我要把这种体验带入到社团建设中。身为一中学子，更应把这种体验融入到自己学习生活的方方面面。着眼于此，更应超越于此。

谢谢大家！

（2019级高二13班　王正潇）

正确的态度，成功的法宝
——2019年秋第15周"国旗下讲话"

尊敬的领导、老师，亲爱的同学们：

大家早上好，我是来自高一2班的林佳翼。请允许我先为大家讲一个小故事。

父子二人经过五星级饭店门口，看到一辆十分豪华的进口轿车。儿子不屑地对他的父亲说："坐这种车的人，肚子里一定没有学问。"父亲则轻描淡写地回答道："说这种话的人，口袋里一定没有钱。"

你可以把它当成一个笑话，也可以把它当成一个耐人寻味的哲理小故事，这取决于你的看法。而你对这件事情的看法，也会反映出你的态度。

高中的学习不比初中，接踵而至的压力不仅在考试科目上，更在我们的学习生活中。相信对于很多同学而言，课业压力都是不可言喻的挑战。我们重新回到了同一条起跑线上，开始奋斗，为梦想冲刺，而能够激发我们斗志、达到目标的原动力之一，就是我们对于每一件事情的看法和态度。

正确的态度是学习的引擎。因为期中考试没有考好，化学成了我的重点补强科目，而化学老师正是我们的班主任。她对于每一位同学，都很花心思地设计了一套补强方案。其中一部分，便是要求我们把试卷上的计算题用正确的思路和方法写在科作业纸上交给她。刚开始，我认为这是负担，便不上心，期中考试的卷子改了两次，都没过关。可是后来，我看到班主任在我的试卷上用可爱的语调写下了激励的话语，并且指出了我的态度存在问题。我突然意识到，化学学不好并不是我的能力不够，而是我把老师布置给我的任务看成了一种负担，我没有清楚地认识到，这是我应该做的，这样做可以巩固我的化学基础。看来是我大意了。慢慢地，我调整自己的心态，把每一道练习题都看成是提升思维品质的美好工具，认真对待，慢慢地有了进步。

我们都认为，高中的课程是困难的，高中的作业是恐怖的，高中的假期是缩减的，但是，若是激活正确的态度，从另一个角度来看，高中所面临的每一个挑战，都有助于磨炼心智。这就是为什么我们是晋江一中的学生！我们站在石鼓山上，我们就应该站上顶峰。

高中三年，我们迎来的是坎壈的小路，还是精彩的大道，取决于我们是否具备正确的学习态度和人生态度。

（2020级高一2班　林佳翼）

母校：校亲文化故事

　　我们逐步将文化故事的相关活动推向家长、校友、校董，定期邀请他们走进学校，讲述他们的求学故事、创业故事、职业故事乃至爱情故事。这些故事在不同时空、从不同角度反映了学校的历史，传达了积极的价值观和人生经验，让广大师生在扩大文化视野的同时，不断拥获精神启迪和成长动力，最终融汇到"母校文化"之中，滋养母校的人文传统和母校的每一个人。

▉▉利郎：从中国走向世界
——记晋江一中首届校董会发起人王冬星

首届校董会的发起者

　　1979 年 7 月，王冬星毕业于晋江一中高中部。这位现任利郎（中国）有限公司董事长，早已名闻遐迩。事业有成的他，对母校怀有深厚的感情。2012 年春节期间，在晋江荣誉国际大酒店召开的晋江一中首届校董会发起人座谈会上，王冬星发表了热情洋溢的讲话，并当场认捐1000万元人民币。

王冬星说："中国有句名言，滴水之恩，涌泉相报。回想1976年至1979年，我在晋江一中度过了整整三年的高中学习生涯，是母校的老师教给了我知识，教育我为人处世的道理，把我从一个不懂事的小青年锻炼成一个能够独立自主，有知识、有能力，能够适应社会发展的年轻人，终于有所成就、有所建树。为母校的发展尽绵薄之力，是理所当然的。"

"简约而不简单"

在当前市场经济的大环境下，企业面对剧烈的竞争，企业怎样才能保持永续经营、健康发展？

王冬星说："从利郎的发展史来说，1987年到1990年，可以说是轻松赚钱的阶段。短短的两三年，一下子就赚了那么多钱，都不清楚应该怎么花了。在这样的小市民心态下，1990年到1995年，是小富即安阶段。1995年到1997年，利郎跌入了低谷。到了1997年，我们发现如果还这样下去，企业发展势必越来越难，随时都有'全军覆没'的危险。当时，我们做了市场调查，发现虽然利郎的知名度很高，但缺乏美誉度和信任度。于是，1997年到2000年，我们聘请了很多专家重新规划企业的战略目标，从做批发转到连锁专卖和品牌经营，从单一的西装做到整个男装系列。所以，这个阶段可以称为反思调整期。从2001年开始，利郎因为请来了陈道明演绎'简约而不简单'的品牌主张，提出了商务休闲男装的品牌细分，终于再次爆发了。从此，利郎进入了品牌经营阶段。"

他还说，自己有四兄弟，除了老大，其他人都在利郎工作。他是董事长，老三良星负责经营，老四聪星负责财务和生产。兄弟几人配合得还不错。利郎可谓传统的"家族企业"。其实，家族企业没什么不好，它最大的好处是具有很强的凝聚力。当然，它也有自身的局限性，关键是改革内部管理，现在利郎的很多事都由职业经理人在具体负责。

从中国走向世界

有人说，利郎的成功是靠偶然间找到了陈道明作为形象代言人；有人说，利郎的成功是无意间提出的"商务休闲"概念；还有人说，利郎的成功主要是消费者认同利郎"简约而不简单"的品牌主张……

利郎到底是靠什么成功的呢？当我们带着这个问题访问王冬星时，他说，外界说的都有道理，但都不全面，"我们利郎的成功靠的是'焦点法则'"。

利郎品牌能够取得成功，与"商务休闲男装"的市场定位、"简约而不简单"的品牌文化演绎息息相关。20世纪90年代中后期，商务通在商务人群中广泛流行，王良星敏锐地捕捉到了其中的商机，经过与广告公司几天几夜的反复论证，"商务休闲男装"的概念终于被"挖"了出来。在第一个提出"商务休闲男装"的概念后，综合设计开发、广告创意、形象代言、销售终端等方面的能量，集中打造利郎品牌，这就是"焦点法则"。王冬星说："焦点法则的威力很大，正是它成就了利郎。"

确立了商务休闲男装的品牌定位之后，选谁做形象代言人呢？当时具体负责形象代言人选秀的副总经理胡诚初回忆说："在很多人选中，我们一个个研究、排除。提到陈道明时，马上有一种非常吻合的感觉，因为他的知名度和他本身的内涵修养刚好可以传递利郎的品牌内涵：简单、大气、有品位。"2002年，利郎正式与陈道明签约。广告播出后，很多人都评价说这是利郎和陈道明的完美结合。现在只要一提陈道明，很容易就会想到利郎。从此，利郎从晋江走向中国，从中国走向世界。

王冬星指出，晋江是一个很小的地方，不了解晋江的人都以为晋江人没文化，晋江的企业都是家族企业，前景黯淡。但为什么许多大城市，有资源、有人才、有市场，却出不了品牌呢？这是因为晋江人骨子里有着敢拼、敢学、敢创新的精神。其实，晋江文化属于一种海洋文化，有很强的包容性。晋江人善于吸取他人的精华，充实自己。他山之石，可以攻玉。正因为如此，才有了今天作为"品牌之都"的晋江传奇。

目前，利郎在中国服装行业算是有了自己的一席之地，但地位还远远不够稳固，离让中国人认同的目标还有相当长的一段距离。王冬星说，企业最大的竞争对手是自己是完全有道理的。唯有牢牢把握企业生存与发展的命脉，才能永续不断。

（李建成　庄永章）

■■"安踏体育"上市操盘手
——记晋江一中首届校董会发起人赖世贤

"我在晋江一中奠定了良好的基础"

安踏体育，在中国体育用品市场享有很高的声誉和市场份额，是中国民族品牌的佼佼者。对晋江一中首届校董会发起人，安踏体育用品有限公司执行董事、首席运营官赖世贤的采访，是在安踏晋江总部进行的。

一见面，赖世贤就说："我在晋江一中奠定了良好的基础，是母校把我从一个不懂事的孩子培养成为一个比较成熟、有知识、身体素质好的年轻人的。这在自己的人生道路上是至关重要的。因此，我要感谢母校，感谢所有教育过我的学校领导和老师们，是你们用知识和汗水哺育了我成长，是你们以良知和品德教育我为人，是你们用理智和善良辅导我处世。谢谢你们！谢谢母校！"

在晋江一中读了六年书的赖世贤，当了三年初中班长和三年高中班委。赖世贤说，由于当时父亲在晋江的青阳公社工作，所以他就住在青阳。初中课余时间喜欢打乒乓球，到了高中喜欢足球运动。正因为热爱运动，身体得到了充分锻炼，体格很棒。

他深情地说："最让人难以忘怀的是那种纯朴的师生感情和同窗之谊。正因为有如此好的学习生活环境，我才可能茁壮成长。记得有一年暑假，学校在晋江金井组织优秀学生培训和军训，主要内容是如何当好班干部，历时十天。在这短短的十天时间里，我学到了许多在课堂上学不到的知识，对提高自己的组织能力、管理能力帮助很大。从那以后，我懂得了如何与同学沟通、交流，懂得了如何做好班级的后勤工作。后来，我多次被评为晋江一中优秀班干部，获得了表扬和嘉奖。高中阶段，我担任班级宣传委员，利用课余时间编写黑板报，忙得不亦乐乎。从一个人的成长过程去看，中学是最值得回忆的岁月，因为这个时期，从小学的幼稚逐步走向成熟，知识面也越来越广。所以，我对中学阶段印象深刻，记忆犹新。"

晋江最年轻的银行分理处主任

1993年9月，赖世贤被分配到中国农业银行福建省晋江支行工作。

他从基层业务员做起。由于基础扎实，又谦虚好学，很快在营业员的岗位上崭露头角。当时他在晋江支行陈埭分理处。陈埭被誉为"福建乡镇企业一枝花"，民营企业众多，经济非常活跃，所以金融业务在晋江各乡镇当中名列前茅，这也为赖世贤提供了一个施展才智的舞台。

五年后，赖世贤由营业员升任分理处副主任。不久，担任晋江支行首批客户经理。2000年，又升任晋江支行罗山分理处主任。在当时的晋江银行系统分理处主任当中，赖世贤是最年轻的一位。

由于工作表现甚佳，业绩骄人，赖世贤被评为中国农业银行福建分行"十佳先进个人"。担任晋江罗山分理处主任期间，该分理处各项业绩均名列晋江前三名，得到了上级领导的表扬和银行客户的认可。

之所以在银行工作的十年中能取得一些成绩，获得许多荣誉，得到领导和客户的充分肯定，主要是因为赖世贤热爱这份工作，他全身心投入，既诚诚恳恳，又求变求新。有创新精神，工作才能有新举措，才能开创新局面，创造新业绩。"无论从事哪一行，一定要干得好，干得出色。这是我的个性，也是我的座右铭。"赖世贤坚定地说。

"安踏体育"上市操盘手

2003 年，赖世贤的人生道路开始了一个大转折。他辞去银行职务，投身安踏体育用品有限公司。角色转变了，定位也随之转变。赖世贤自加盟安踏以来，将自己的金融专业特长发挥得淋漓尽致，在"安踏体育"上市的过程中发挥了至关重要的作用，是"安踏体育"上市的操盘手。

赖世贤说，2003 年刚进入安踏时，他先是熟悉公司方方面面的工作，后开始分管行政，以及电脑信息化、法律、财务、投资等领域的工作。2005 年，在总裁丁志忠的主持下，"安踏体育"开始了卓有成效的上市准备工作。赖世贤熟悉金融业务，又具有丰富的实践经验，他全盘操作上市过程中的具体事宜，把安踏这个家族式传统企业，引向规范化的上市公司，走向资本市场。

从 2005 年准备，2007 年上市，整整三年时间里，赖世贤一步一个脚印，做好各项工作，使之一项项通过审核。2007 年，"安踏体育"在香港上市，募集到 30 多亿元资金，开创了晋江民营企业上市的多项纪录，市盈率和募集资金的规模至今无人超过。"安踏体育"的上市，还形成了极具吸引力的资本市场"晋江板块"现象。如果说总裁丁志忠是开创晋江品牌的广告效应的先驱者，那么，赖世贤是推动晋江企业走向资本市场的领头羊。

赖世贤说，"安踏体育"上市后，推动了安踏跨越式发展，销售额从 2004 年的 3 亿元人民币飙升至 2011 年的近 90 亿元人民币，整整翻了 30 倍。

事业有成的赖世贤，不忘回馈社会，不忘担负社会责任。2010 年，他以父亲的名义捐资 100 万元人民币，设立赖厝老人基金会，为家乡的父老乡亲献上一片爱心。

2012 年春，晋江一中首届校董会发起人座谈会上，赖世贤为母校捐资 200 万元人民币，以回馈母校对他的培养。

（李建成　庄永章）

▓▓ 一路成长，感谢有你

尊敬的各位老师、各位家长及同学们：

我是晋江一中2019届毕业生周筱彤的家长，很高兴也很幸运有机会站在这里发言。

首先，要感谢晋江一中三年前选择了我女儿，为她提供了这么好的学习条件和这么浓厚的学习氛围，尤其是还有一批优秀的老师。

其次，我要特别感谢姚立宏老师三年如一日的付出和关爱。记得第一次见到您时，我就从您的言谈举止中感受到一种真诚、一种温暖、一个教书育人者应有的气度，心中暗暗窃喜：女儿遇到了好教师。果不其然，没过多久，女儿就跟我们提到：姚老师不仅课上得好，还非常细心，对我们很有耐心，又很尊重我们。

让我印象特别深刻的是，每次我女儿考试发挥不好或是情绪低落时，姚老师总会像朋友一样跟女儿轻声细语又娓娓道来，讲着小故事。令人感动的是，每一次谈心过后，女儿又能重新焕发光彩，学习的劲头儿更足。

很幸运也很感恩，自己的女儿能遇到一个又一个像姚老师一样的好老师。

除了学习成绩，晋江一中对学生的综合素养也非常重视，这一点让我们家长非常赞赏。记得有一次，女儿兴致勃勃地跟我说，自己组织社团活动"诗词大会"收获了很多，因为第一次做活动，尽管自己已经有了完整的设想，但真的实践起来有很多误差，策划案改了很多次，跟各方沟通联系，很忙，晚上睡觉的时候也一直在想着相关的事；虽然最后活动效果也跟她的期待有出入，但后来评价不错，自己也学到很多东西，尤其是同学的配合让她特别感动。

孩子不只是以成败来看待事情，更是以成长与收获来反思活动，我心里想，孩子真的成熟了。而这一切，和学校社团课程顶层设计的支持以及老师的指导是分不开的。

在此，谢谢教过和没有教过筱彤的老师们，你们辛苦了！祝老师们工作顺利、阖家幸福！

（2019 届高三学生周筱彤家长　陈彬彬）

■ 用心·爱心·细心

尊敬的陈校长，各位领导，各位老师、朋友：

晚上好！我是蔡建华，我的爱人是 2019 届高三 4 班班主任施婷婷老师。和在座的各位一样，我也是一名教育工作者，现在在华侨大学工作。首先，衷心祝贺晋江一中在 2019 年的高考中再创佳绩，展现出了"一中"一流的教育教学水平和卓越的办学品质。今天，我想从一个教师家属的视角，用三个词谈谈我眼中的"一中人"。

首先，是用心。有人说：教育是一门良心活。在我看来，一中的老师都是业界良心，特别是毕业班的每一位老师，工作虽苦虽累却从不抱怨。常常有人问起施老师的工作，羡慕教师工作稳定又有长假，殊不知那是"别人家的老师"，我经常笑着回复对方："我们家高三老师从不加班，因为她从没下班。"偶尔碰上难得的休息时间，她常常是"我要改作业""我要备课""我要去扫卡""我约了个家长""我得去班级看看""这次质检成绩出来了，我们班有几个同学退步了，还没谈话"……我常常告诉她，要用心工作，也要用心吃饭。作为家属，我心疼她经常熬夜加班，但总会义无反顾地做她坚强的后盾。而今看来，正是因为每一位教师的坚持和用心，才得以助力 2019 届学子的逐梦、圆梦。

其次，是爱心。晋江一中对学生关爱备至，我早有耳闻。五月，高考前夕，我在朋友圈偶然看到施老师转发的一篇推文：《养心汤，爱心面，温暖学子心》。晋江一中为高三学子专门备了爱心面线糊！我不禁叹服于晋江一中领导和后勤团队对学生无微不至的关怀，在高三紧锣密鼓的复习阶段，适时为勤学苦读的高三学子添上这样一份温暖，接地气，暖人心！一中的教师用真切的关怀和行动诠释了"学生第一"，正是这样的爱心得以成就如今的"第一学生"。

最后，是细心。我常对我们家施老师说，我真羡慕你的学生。她常常跟我分享她的工作日常，她的课堂，她的学生，她的同事。我认真听着，体会着她辛苦之余的成就感和满足感。高考前一周，她买了五十多张明信片，利用晚自习后的时间，在明信片上亲笔写下她对每一名学生的鼓励和祝愿。学生的准考证发下来了，她担心粗心的学生弄丢弄脏，特意采购了一批塑料封套，小心翼翼地把同学们的准考证装好。高考前一天，她给每位同学准备了一块巧克力，她说万一学生第一天没考好，巧克力或许可以给他们增加一点儿能量。正是因为有了这样细心的教师，才有了"选择'一中'等于选择成功"的自信。

"诚、严、勤、毅"的一中精神如参天大树恢弘壮阔，又如一中人"用心、爱心、细心"的关怀温润无声。晋水流长，石鼓山青，作为家属，我们感到光荣，感到骄傲。

最后，祝晋江一中的各位老师身体健康，阖家欢乐，万事如意。祝福晋江一中的明天更加灿烂！谢谢大家！

（2019届高三教师施婷婷家属　蔡建华）

▓▓ 晋江一中校车服务专线

2016年4月23日下午，晋江一中校车服务专线正式开通。据了解，这是晋江各中学开通的第一条校车服务专线。谈到校车专线，一定要谈谈组建校车专线的主人公——晋江一中校友总会杨式湘理事长。

2012年12月18日，晋江一中校友总会换届，杨式湘出任新一届理事长，主持日常会务工作。在他的带领下，校友总会进行了一系列改革，旨在更有力地支持、帮助母校教育事业的发展。组建校车专线，就是校友总会为学校办的实事之一。

杨式湘理事长的孙子就读于华侨中学初一年级，平时由其女儿接送。2015年12月一个下大雨的晚上，杨式湘理事长陪同女儿到学校接孙子。当他们到石鼓路前，车子已进退两难，时间正好是晚上8点半，离晚自修下课还有10分钟。眼看车子动弹不得，杨式湘理事长只好下车打伞到北大门接孙子，让女儿开车缓慢前行。接到孙子返家，已是10点多。花两个小时接孩子，让杨式湘陷入了沉思。

第二天上午，杨理事长叫上两位常务副理事长蔡文芳、庄晴川，专程到母校与陈校长座谈，反映晚自修放学时一中三个大门的堵塞问题，并寻找解决问题的办法。最后，他们把解决问题的希望放在晋江公共交通公司身上：开辟校车服务专线，送晚自修放学的孩子回家。时任晋江公共交通公司经理的林群雄正好是晋江一中高中1988届校友，与蔡文芳常务副理事长是同届同学。杨理事长当场交代蔡文芳联系林群雄经理。

在公交公司经理接待室，杨式湘理事长跟林群雄校友说明来意，林经理略显为难，"母校的事本该义不容辞，但公交车不能作为专车接送学生。找专门的校车服务公司，方是长久之策"。说着，林经理联系了晋江市顺豪校车服务公司的王经理，请他第二天到晋江一中商谈。

经过多次沟通、研究，2016年4月20日，学校、校友总会、顺豪校车服务公司三方签订协议。几天后的23日，晋江一中校车服务专线开通仪式举行，《晋江经济报》现场采访了杨式湘理事长。他说："开通校车服务专线，不仅减轻了家长接送的负担，减缓了晋江市区及学校周边交通拥堵的压力，更能减少学生往返路上的安全隐患。"本着"服务母校"的宗旨，晋江一中校友总会每年拨款7万元，补贴学生乘坐校车服务专线的车费。

开通校车服务专线，让社会、学校、学生家庭、学生个人共同受益。这件事，给了我很深刻的启发。作为学校工会主席，我有几点体会：

其一，利用社会资源。学校不是孤岛，学校跟社会有千丝万缕的关系。通过盘活各种社会资源，服务于学校的管理和教育教学，这对办学质量的提升具有无法替代的作用。开通校车服务专线，正是对社会资源的积极利用。

其二，发挥校友作用。校友是学校宝贵的人才资源，他们在不同的工作岗位上为社会建设作出积极贡献，他们积累了丰富的社会经验和人生智慧。学校重视校友工作，就能为自身发展提供更多支持。校车服务专线的开通，正是一个生动的证明。

其三，促进学校发展。校友是学校宝贵的社会资源，校友会是校友之家，能够发挥联络、沟通、协作的社会功能。而校友会的最大功能，应当是支持母校的发展。这需要学校的正确引导，更需要学校做出全社会、众校友都看得见的成绩。

（洪文达）

学科：课堂文化故事

我们倡导在课堂上讲述学科名人故事、学科哲理故事、学科问题故事，深入挖掘学科教材资源，从中感悟人生，发现规律，自我成长。我们注意引导在故事中聚焦核心概念，进行问题思辨，完成教学建构。我们也将文化故事作为创设教学情境的重要手段和载体，激发学生主动学习、思考的兴趣、情趣、理趣。

■■ 语文：苏轼快吃粗涩面条

一、课堂文化故事

1. 概述：苏轼快吃粗涩面条

北宋党争，苏轼被贬至南疆，羁宦于千里之外，数度转徙。苏门四学士之一的黄庭坚受到了牵连，于徽宗初年，被贬至广西宜州。途中，黄庭坚与从海南归来的苏轼相遇于梧州与藤县之间。师生二人相叙，见路旁有卖面条的小摊，于是一同就食。面条粗粝涩口，黄庭坚食不下咽，才吃了两口就放下筷子，不住地唉声叹气。苏轼却极为快速地把面条吃完了。望着黄庭坚良久，苏轼说："九三郎，难道你还要去咀嚼它吗？"说完，留下尚未回过味来的黄庭坚，大笑着起身而去。

2. 讨论：故事的意蕴

"九三郎，难道你还要去咀嚼它吗？"

苏轼此话有深意。从中，你体会到了什么哲理？

学生讨论，七嘴八舌。

解析：此处的"它"，从最表层看，指代的是"粗粝涩口的面条"；从故事语境看，指代的是遭贬一事；抽象而看，由点到面，可指一切苦难事。

由此，苏轼的话可以理解为：苦难就像一碗粗粝涩口的面条，遇到时，要快速吃掉，不要哀叹、咀嚼。若哀叹又咀嚼，会越觉粗涩难咽，会越觉人生之苦；若快速吃掉，便少觉苦味，便易迎向美好，笑对人生。

这恰恰表现了苏轼旷达乐观的人生态度。苏轼是聪明的。他不因迁谪而喜怒，不因苦难而哀叹，总能自我调适心态而摆脱困局。

二、文本读解——《前赤壁赋》的主客对话和苏轼的乐悲之情

《前赤壁赋》一开始，苏轼和客人在清风与明月交织、露珠与水色辉映的秋景画中，泛舟江上，迎风赏月，畅饮美酒，咏诗诵文。当客人箫起，苏轼扣舷而歌。此情何等之乐！接着，由客人悲凉的箫声、苏轼"美人"的唱词，引出对英雄不在、人生短暂、理想现实矛盾之"悲意"的阐释。此情何等之悲！然后，苏轼以明月江水作比，从"变与不变"的角度阐发，说明世界的万物和人生，都既有变的一面，又有不变的一面。从变的角度看，天地万物就连一眨眼的工夫都不能保持不变；从不变的角度看，物我无尽，万物和人类都是永久不变的。因此，用不着羡慕江水和明月的永不增减，也用不着哀叹人生的短促；从"取与不取"的角度，大自然是个无穷宝藏，可以作为人们的精神寄托，不取禄禄官位蜗角虚名，而取无穷的明月清风为"吾生"所享用，从中得到乐趣。此情又乐矣！

客人的话也是苏轼自己心境的表达。主客的问答，表达了苏轼贬谪黄州后，苦闷迷惘又不甘消沉落寞的矛盾情思。"主""客"实为一体，反映了作者积极和消极交织的心态。

《前赤壁赋》设置主客对话，呈现"乐—悲—乐"的情感转化，恰恰是苏轼"快速吃掉粗粝涩口面条"的过程，是苏轼自己思想调适的过程。

三、感悟——课堂故事可使阅读理解变难达易

本来，《前赤壁赋》的主客对话和苏轼的情感变化，是阅读理解的难点，学生不容易解通。有了《苏轼快吃粗涩面条》这个故事和对这个故事的讨论作铺垫，学生的理解就变得容易多了。

可见，教学运用得当，课堂故事（学科故事、哲理故事等）可使阅读理解变难达易。

（语文组　陈秀燕）

▓▓ 数学：更多的"期望"

在学习人教 A 版选修第二章第三节《离散型随机变量的均值与方差》的过程中，需要学习概率统计中一个非常重要的概念——数学期望，学生对"期望"这一名称充满了好奇，于是，我给学生讲述了这样一个故事：

1654 年，法国。甲、乙两个职业赌徒赌技相同，各出赌注 50 法郎，每局中无平局。他们约定，谁先赢三局就能得到全部 100 法郎的赌本。当甲赢了两局，乙赢了一局时，因故要中止赌博，那么，这 100 法郎如何分才算公平？

乙说：我们赌技相同，应该平均分配，即各得50法郎。

甲不同意，认为不公平，因为比乙多赢一局，当然要多拿。他说，自己该得 $100 \times \frac{2}{3}$ 法郎，乙得 $100 \times \frac{1}{3}$ 法郎。这种分法不但照顾到了"甲乙赌技相同"这一前提，还尊重了已经进行的三局比赛结果，当然更公平一些。但是，这种分法还是没有考虑到如果继续比下去的话会出现什么情形，即没有照顾两人在现有基础上对比赛结果的一种期待。所以，乙也不同意。

两人争吵不休……

他们的争吵引起了一位旁观者的注意，他提出了第三种分法：试想，假如能继续比下去的话，至多再有两局即可结束。若接下来的第四局甲胜（概率为 $\frac{1}{2}$），则甲赢得所有赌注；若乙胜，还要再比第五局，当且仅当甲胜这一局时，甲赢得所有赌注（这两局出现此种情形的概率为 $\frac{1}{2} \times \frac{1}{2} = \frac{1}{4}$）。故若设甲的最终所得为 X，则甲赢得所有赌注的概率 $p = \frac{1}{2} + \frac{1}{4} = \frac{3}{4}$，甲输掉所有赌注的概率 $p = \frac{1}{4}$。

于是，X 的分布列为：

X	0	100
P	1/4	3/4

从而甲的"期望"所得应为 $0 \times \frac{1}{4} + 100 \times \frac{3}{4} = 75$ 法郎；乙的"期望"所得应为 100−75=25 法郎。这种方法照顾到了已赌结果，又包括了再赌下去的一种"期望"，它自然比前两种方法都更为合理，使甲乙双方都乐于接受。

这就是"数学期望"这个名称与定义的由来，其实这个名称改为"均值"会更形象易懂一些，对上例而言，也就是再赌下去的话，甲"平均"可以赢75法郎。

学生这时再看书，对概念的理解显然会更加深入。这个故事不仅让学生知道了概念的由来，还明白了概念产生的过程。无疑，学生对知识的记忆也将会更加深刻。

故事，无疑是美丽的，它可以打破书本世界和生活世界之间的界限，展现数学的美丽色彩。故事，无疑有着巨大的吸引力和教学意义。在数学教学中引入故事，不仅可以借助故事促进学生对数学知识的理解，丰富学生的数学学习生活，激发学生学习数学的兴趣，从中也可以陶冶情趣，启迪心智，让数学更具魅力。

借助故事促进学生更好地理解数学知识之后，我意犹未尽，又提出了一个问题：你们知道这位旁观者是谁吗？他，就是赫赫有名的法国大数学家帕斯卡。后来，帕斯卡与另一位法国数学家费马在一系列通信中就这一问题展开了讨论。他们的通信，引起了荷兰数学家惠更斯的兴趣，惠更斯在1657年发表了《论赌博中的计算》，这是最早的概率论著作。这些数学家的著述中所出现的第一批概率论概念（如数学期望）与定理（如概率加法、乘法定理）标志着概率论的诞生。

这样，学生清楚了概率论起源于博弈问题，无疑对这部分内容的学习有了更多的兴趣与期待。

（数学组　姚立宏）

▓▓ 政治：电车难题

教学背景

我在《价值判断与价值选择》一课的教学中引用了本故事。

本课是人教版高中思想政治第四册《生活与哲学》第四单元第12课第

2 道题。内容分两目：第一目主要介绍价值判断与选择的含义、产生、要求以及社会历史性特点；第二目主要介绍影响价值判断与选择的因素、正确的价值判断与选择的条件及正确处理集体与个人的关系等。

对于个人发展和社会发展的关系应该持什么态度和观点，高二学生已经有了初步的思考，只是又有诸多困惑、迷茫，希望得到解答和指点。因此，学习本道题有其特有的意义。同时，学生可塑性很强，有相当大的发展潜力，老师需要引导他们在价值冲突中合理处理个人、集体和社会的关系，作出正确的价值判断与价值选择。

故事详情

2009 年，哈佛大学哲学系教授迈克尔·桑德尔的公开课"公正：该如何做是好？"风靡全球。他在这门课程的第一堂课中提到当代思想史上一个著名的思想实验：一辆刹车失灵的有轨电车的司机，应该选择让电车继续前行，结果会撞到轨道上的五个人，还是选择转动方向盘，结果会撞到岔道上的一个人。

电车难题最早是由哲学家菲利帕·福特于 1967 年发表的论文《堕胎问题和教条双重影响》中提出来的，用来批判伦理哲学中的主要理论，特别是功利主义。功利主义提出的观点是，大部分道德决策都是根据"为最多的人提供最大的利益"的原则作出的。

从功利主义者的观点来看，司机应该选择避免撞上更多的人。而功利主义的批判者认为，一旦这样做，你就成为一个不道德行为的同谋——你要为另一条轨道上单独的一个人的死负部分责任。然而，其他人认为，你身处这种状况下就要求你要有所作为，你的不作为将会是同等的不道德。总之，不存在完全的道德行为，这就是重点所在。

许多哲学家都用电车难题作为例子来表示现实生活中的状况经常强迫一个人违背自己的道德准则，并且还存在着没有完全道德的做法的情况。

电车难题是模拟一种道德情境：作为事件的参与者，你在面对利害关系时该如何权衡再三作出抉择？这个假想直指一个社会命题：究竟是否该顾全大局而委屈个体？关于这个命题，历来引发众多学者的纷争，有关经济学、政治学、自然哲学、人类社会学等的论断不胜枚举，小到鄙弃牺牲个体利益的人，大到质疑人性的劣根性。

应用反思

教学过程中，适当拓展相关的故事和案例，如心理学家科尔伯格所讲述的海因兹偷药的故事：一个叫海因兹的人，他的妻子身患重病，濒临死亡，只有一种药能解其绝症，但发明此药的医生却坚持卖高价。海因兹凑不到足够的钱，只能去偷药救妻。当时，科尔伯格问实验对象：（1）海因兹该不该偷药，为什么？（2）假如不是妻子，而是他的朋友患病，海因兹该不该偷药，为什么？

接着，我组织学生开展探究活动。

（1）大小分组：按照往常做法，全班分成三个大组，每个大组内部协商分成两个小组，即赞成组和反对组。（2）任务分配：各小组通过网络和图书馆查找文献，写出探究过程和成果汇报的简要提纲。（3）成果展示：课堂内15分钟进行小组成果展示，全班共享（PPT论述、现场演讲、现场辩论均可）。（4）探究提示：收集展示我国类似的具体案例进行分析；可以换位思考：假如我是海因兹，我会怎么做……

之后回到"电车故事"，展示不同角色的观点——如若经济学家在此，他会考虑将扳手转向仅有一个人的铁轨那方，因为这样做责任最少，负担最小。如若是政治学家，也会考虑将扳手转向只有一个人的那边，因为为了集体的利益，可以委屈个体的利益。哲学家在此亦然，倘若从整体与部分的关系来谈，将扳手推向五个人的那一段，就是毁灭性的，因为整体（五个人）都没了，部分（一个人）存在还有意义吗？社会学家恐怕也会这样选择，出于从社会发展的角度考虑，势将牺牲小局去成全整个人类社会的福祉。这样做没有错，甚至很符合情理，但是在作出决定的同时，脑海里是否闪过这样一番思考：人是如何明确做事的利害关系的？作出一次妥协就会有下一次，这一次顾全大局了，那下一次呢？

如果电车司机有另一种选择，很有可能会成全自我，完成一次道德的洗礼，选择自杀。在道德与规则面前本就两难，如果被救下的五个人目睹了另一个人的残酷死状，他们是否像社会学家说的那样，觉得自己是"造福人类""发展社会"？

故事的讲述、展开和讨论，不是为了给出答案，而是为了引导学生思考，道德认定或价值判断与价值选择，是一个困难的过程，除了理性之外，还需要其他的探讨和敬畏。这样，我们在正确进行价值判断和价值选择的基础上，才能找到实现人生价值的正确途径。

高中政治学科所聚焦的核心素养，在于提升学生的政治认同、理性精神、法治意识和公共参与的思想政治素养，以培养有理想、有思想、有尊严、有担当的中国公民。为此，在价值多元和社会实践日趋复杂的今天，课堂教学不能停留在学科知识和学科思维上，而是要结合学科教学有机地进行价值引领，以学科观为出发点，以教育观为落脚点，最后实现教育的价值。这也是晋江一中所尝试、实践的"学科哲学"的理念在高中政治学科上的体现。

在教学过程中，通过思辨性案例，以合适的方式，调动、激励和培养学生的社会情感，学会以哲学的思维方式和眼光，促进对学科和学科教育的深刻认识，作出理性的、正当的、合适的价值澄清、选择和判断，接受社会认可的主流价值观，在行动中达成价值目标，学会正确做事，学会正确做人。

（政治组　雷艳）

▪▪ 历史：英国的国王和首相

故事一："不懂英语的国王"

1714 年，安妮女王去世，无嗣。根据《王位继承法》，此时已经 54 岁的德国汉诺威选帝侯登上英国王位，即乔治一世。他不懂英语，对英国事务也不感兴趣，甚至不出席内阁会议而让大臣们去料理国事。掌控行政大权的内阁会议逐渐由国王主持转向由财政大臣主持。

1721 年，议会下院多数党领袖沃波尔当选财政大臣，成为英国第一任内阁首相，主持内阁会议，协调各部门的工作。（岳麓版《高中历史必修 1·政治文明历程》）

学生讨论、思考、回答：

（1）不懂英语的国王逐渐丧失了什么权力？

（2）国王丧失的权力转移到了谁的手上？

（3）首相怎么产生？其职责是什么？

故事二："48 小时首相"

1746 年，乔治二世否决了时任首相的亨利·佩兰的提案，导致佩兰率领全体内阁成员集体辞职。乔治二世恼羞成怒，任命巴思伯爵为新的财政大臣，但是巴思伯爵受到了上届阁员的抵制，只当了两天首相就被迫辞职，史称"48 小时首相"。乔治二世被迫请佩兰复职并接受了其苛刻条件，由此开创了新的先例。（摘编自阎照祥《英国政治制度史》，人民出版社，1999 年）

学生讨论、思考、回答：

当国王和内阁出现矛盾，内阁如何应对？

立德树人：从故事到课程

（相关原则：内阁成员集体负责，在大政方针上保持一致，与首相共进退。）

故事三："最年轻的英国首相"

1782 年秋，诺思－福克斯内阁因议会通过不信任案，被迫集体辞职。24 岁的小皮特上台组阁，再遭议会不信任。

但他寻求国王的支持，解散了议会下院，重新选举，最终取胜，反对派议员被驱逐出议会下院。（摘编自阎照祥《英国政治制度史》，人民出版社，1999 年）

学生讨论、思考、回答：

从这个故事中，我们看到当议会与内阁出现矛盾时，有几种解决方案？

（相关原则：如果议会通过对政府的不信任案，内阁就要垮台；首相也可不辞职，提请国王解散议会，重新选举。）

（概念：责任内阁制，是资本主义国家由内阁总揽国家行政权力并向议会负责的一种国家政权组织形式。）

故事四：《伊丽莎白女王登基 60 周年庆典》（视频）

学生观看视频后，教师提出问题：有媒体评论说，伊丽莎白女王是英国政坛"亮晶晶的装饰品"，同学们是如何理解的？媒体所评论的国王成为"装饰品"又与英国民主化进程中的哪种政治制度的形成有关？

分析：从时政新闻切入责任内阁制的学习，利用现实与历史的对接，促使学生保持学习、探究的激情和欲望。

继续讨论并回答：纵观责任内阁制形成的过程，同学们还可以领悟到英国民主化发展进程中的哪些政治智慧？

（补充相关背景资料，搭建理解历史的平台，培养阅读和提取历史信息的能力，掌握"论从史出"的学习方法。通过小组合作学习和讨论集思广益，发展思辨思维。）

课堂小结

"制度的创新提供了重要的政治前提,推动英国从地理的边缘走向世界的中心,创造了'日不落帝国'的神话,开启了人类工业文明,在18、19两个世纪傲视全球。正如英国诺丁汉大学郑永年教授所说:'一个国家的外部崛起,实际上是国家内部建设的延伸。'借鉴历史,思考今天。在中华民族崛起的伟业中,我们需要思考在民主化的进程中必须遵循怎样的原则!"

设计反思

(1)"学史启智"是设计的出发点和归宿点,它以英国民主化进程为主线,将具体的知识点设定为"追求民主""建立民主""发展民主""完善民主"四个板块,引导学生感悟政治智慧,思考中国发展,服务于自身的终身发展。

(2)立足学情,用多种教学手段,如视频、图片、文字等鲜活的资料,创设问题情境,实施问题导学,为学生的自主学习和合作探究提供必要的资源支持和方法的启发,力求将学生的学习需求、知识储备和抽象的制度史内容实现有机链接。

(历史组　陈霞)

▦ 地理:小岩浆的童话

应用背景

高中地理必修1第五章第一节《营造地表形态的力量》,课标要求是

"运用示意图说明地壳内部物质循环过程",学习目标是"运用图文资料说明岩石圈物质循环的过程及其产生循环的物质基础——三大类岩石的转化过程;运用图文资料分析促使各种岩石形成的作用;运用图文资料分析岩石圈物质循环的过程及地质作用",因此,其核心概念是"岩石圈物质循环过程"概念地图构建,其原理将体现于各类变式图的判读与应用上。"岩石圈物质循环图的判读与应用"是教学重点,也是教学难点,引入地理童话故事《小岩浆旅行记》开展教学,符合中学生的心理特点和认知规律,有利于提高学生学习地理的兴趣,提高地理学科课堂教学的有效性。

应用过程

学生阅读课本 P72 图 4.8,讲述童话《小岩浆旅行记》,共同完成相关问题,画出"岩石圈的物质循环"模式图。

小岩浆旅行记

晶晶和亮亮是两滴岩浆,他们生活在地球内部的岩浆之家。一天,他们得到批准,一起到地面旅行。他们飞快地奔向地表,半路上晶晶觉得累了,于是就与亮亮约好在地表会合;亮亮没有停步,与其他伙伴一起跳出地表,并沿着山坡向低处流。忽然,他发现自己不能再动了,不禁问旁边的同伴:"这是怎么回事?"同伴笑着说:"别担心,只不过你已经不再是岩浆了。"

为什么同伴说亮亮已经不再是岩浆了?那么是属于哪一类?
——冷却凝固成岩浆岩,是喷出岩。
你认为亮亮还可以再继续他的地表旅行吗?请说明原因。
——可以。在外力搬运作用下可以继续。

过了好长一段时间,亮亮发现自己的个头变小了,并随着风和流水向前运动。亮亮边走边欣赏着地表美丽的风光。忽然，他发现一个熟悉的身影，认真一看，原来是晶晶。亮亮惊讶地问："你是怎么来到地表的？"

你认为亮亮个头变小的原因是什么？

——受到风化、侵蚀等作用。

请你简要推测晶晶到达地面的过程。

——随着地壳隆起，上面覆盖的岩层剥离而露出地表。

亮亮和晶晶又一起踏上旅程。不知过了多久，他们觉得累了，便在一处低地停下来休息。不久，他们发现越来越多的伙伴也停了下来，并且开始压在自己的身上，他们商量着回家去，但怎样才能回到岩浆之家呢？这时，身边的一位老者笑着说："要回家，你们还要经历两次大的变化，而且还要具备一定的条件才可以。"

亮亮和晶晶在低地变成了哪类岩石？

——沉积岩。

请你推测说明他们要经历的重大变化是什么？

——重熔，再生。

依照老者的指引，亮亮和晶晶终于回到了可爱的岩浆之家，并向没有到过地表的伙伴讲述了他们的地表之旅。

请你帮助亮亮和晶晶画旅行示意图，以便他们讲述地表之旅。

（略）

应用效果

（1）讲述故事，模拟情景。这种方式有助于学生理解、掌握那些在认知之外的地理概念、原理。

（2）问题教学，培养能力。学生的能力是从提出问题、发现问题和解决问题中锻炼出来的。能否提出问题尤其是有价值的问题，是影响、决定课堂教学质量的核心因素。从学生的角度讲，提问的能力表现为：第一层次，学生能提出自己不知道、不懂得、不明白的问题；第二层次，学生能提出"为什么"或反思性的问题。从教师的角度讲，要善于把教材内容转化为问题情境（情境和设问），使学生产生问题意识，激发学生认识的冲动性和思维的活跃性。问题的设置要具备目的性（能力性）、适应性（学生性）和新颖性（刺激性）。本节课基于童话《小岩浆旅行记》设置了一系列情景性问题，促进学生在解决问题中锻炼能力。

（3）画图体验，图文转换。教师通过"帮助亮亮和晶晶画旅行示意图，以便他们讲述地表之旅"，构建思维导图，帮助学生把握核心概念，明晰基本原理。

（地理组　林月影）

▦ 生物：发现促胰液素

人教版高中生物必修 3 第二章第二节《通过激素的调节》中，有一个科学史的内容："促胰液素的发现"，内容比较简单。为了增强学生的感受，进一步说明"机遇只偏爱那些有准备的头脑"，从而鼓励学生勇于实践，大胆创新，我们补充、完善了一个故事。

讲述故事

故事发生在 1902 年 1 月。英国两位生理学家贝利斯和斯他林正在研究小肠的局部运动反射，其间，他们看到法国科学家韦特海默（Wertheimer）新发表的一篇论文，称实验反映，在小肠和胰腺之间存在着一个顽固的局部反射。

这个法国科学家的实验是这样的：将相当于胃酸的盐酸溶液注入狗的上段小肠时，会引起胰液分泌。为了进一步分析它的机制，他直接把盐酸溶液注入狗的血液中，发现并不能引起胰液分泌；中等剂量的阿托品（能阻断副交感神经）也不能消除这个反应。他甚至还进行了更为关键的进一步实验：把实验狗的一段小肠袢的神经全部切除，只保留动脉和静脉与身体的其他部分相连。把盐酸溶液输入这段小肠袢后，仍能引起胰液分泌。但他仍然坚信这个反应是"局部分泌反射"，一个顽固的神经反射，因为他认为，小肠的神经是难以切除干净、彻底的。

贝利斯和斯他林对此产生了很大的兴趣，立即重复了这个实验，证实了实验结果，即放置盐酸溶液于一段切除了神经的小肠袢后，确能引起胰液分泌。但他们深信，神经的切除是完全的。那么，怎么解释这个结果呢？他们大胆跳出"神经反射"这个传统概念的框框，设想：这可能是一个新现象——"化学反射"。也就是说，在盐酸的作用下，小肠粘膜可能产生了一种化学物质，当其被吸收入血液后，随着血液被运送到胰腺，引起胰液分泌。

为了证实上述设想，斯他林把同一只狗的另一段空肠剪下来，刮下粘膜，加砂子和稀盐酸研碎，再经中和、过滤，做成粗提取液，注射到这只狗的静脉中去，结果，引起比前面切除神经的实验更明显的胰液分泌。

这样，一个刺激胰液分泌的化学物质被发现了，这个物质被命名为促胰液素（secretin）。这是生理学史上一个伟大的发现！

新概念的诞生

促胰液素的发现，使贝利斯和斯他林很快意识到，这不仅是发现了一个新的化学物质，而是发现了调节机体机能的一个新概念、新领域，动摇了完全由神经调节的概念。也就是说，除神经系统外，机体内还存在着一个通过化学物质的传递以调节远处器官活动的方式。

为了寻找一个新词来称呼这类化学信使，他们采用了同事哈代的建议，创用了源于希腊文一个字（hormone，"刺激"的意思）的"激素"这个名称（1905）。促胰液激素便是历史上第一个被发现的激素。这样，也产生了"激素调节"这个新概念，以及通过血液循环传递激素的"内分泌"方式，从而建立了"内分泌学"这个新领域。从此，国际上寻找激素的热潮开始了，内分泌学出现了惊人的发展。

迄今，不论在植物界还是动物界，都有激素的存在。在低等和高等动物机体内，已经发现了几十种激素，而且每年都有新的激素被发现。

在促胰液素发现之前和之后，贝利斯和斯他林都没有进行过消化腺分泌的研究。贝利斯应用物理-化学观点，发展了普通生理学概念，并出版《普通生理学原理》一书，成为经典。斯他林做的工作更多，主要在血液循环生理方面，有著名的"斯他林心脏定律"等理论贡献。

巴甫洛夫实验室

其实，这个故事应当从俄国的巴甫洛夫实验室讲起。对这个问题，巴甫洛夫实验室的研究最早，也很深入，但把问题弄得异常复杂。关于酸性食糜进入小肠引起胰液分泌这个现象，早在 1850 年就由法国实验生理学家克劳·伯尔纳（Claude Bernard）发现，但似乎没有引起世人注意。后来，被巴甫洛夫实验室的道林斯基（Dolinski）于 1894 年重新发现。我们知道，巴甫洛夫被认为是现代消化生理学的奠基人，他对消化生理学的贡献是十分卓越的。他和他的门徒们积 20 多年的创造性工作，写成《消化腺工作讲义》这部经典著作，获得了 1904 年诺贝尔生理学或医学奖，赢得世界荣誉。

传统的神经论主导思想，是巴甫洛夫学派特别信仰的思想。他们认为，盐酸引起的胰腺分泌是一个反射。他们原先设想，迷走神经和内脏大神经都可能是这个反射的传出神经，因为在此之前他们发现，刺激这两组神经，都能引起胰腺分泌。1896 年，巴甫洛夫的学生帕皮尔斯基对上述现象的产生机制进行了分析。他发现，切断双侧迷走神经、双侧内脏大神经以及损坏延髓后，这个反应仍然出现。他设想，在胃的幽门部可能存在着一个胰液分泌的"外周反射中枢"。又过了几年，他发现，即使切除了太阳神经丛、毁坏脊髓以及切去胃的幽门部，盐酸溶液仍能引起胰液分泌。因此，帕皮尔斯基于 1901 年被迫修正了自己过去的假设，认为这是一个局部短反射，其反射弧连接十二指肠粘膜和胰腺的腺泡细胞，通过位于胰腺外分泌组织中的神经节细胞而实现局部短反射作用。而法国学者韦特海默等同样的机制分析，是于 1901 年至 1902 年在法国进行的。

历史经验教训

贝利斯和斯他林发现促胰液素的实验成果于当年发表后，引起了全世界生理科学工作者极大的兴趣，也引起了巴甫洛夫实验室的极大震惊。这个新概念动摇了后者多年来奉为圭臬的消化腺分泌完全由神经调节的神经论思想，使他们一时难以接受。他们一方面力图收集已有的证据来反驳这个化学调节理论，另一方面认真重复贝利斯和斯他林的实验。事实证明，促胰液素的客观存在，是经得起实践检验的。

巴甫洛夫的学生巴布金撰写的巴甫洛夫传记中，有这样一段生动的描述："巴甫洛夫让他的一个学生来重复贝利斯和斯他林的实验，巴氏本人和其他学生都静静地立在旁边观看。当出现（提取物引起）胰液分泌时，巴氏一言不发地走出实验现场回到书房。过了半小时后，他回到实验室来，深表遗憾地说：'自然，人家是对的。很明显，我们失去了一个发现真理的机会！'"

从以上促胰液素发现的历史，我们能取得什么经验教训呢？正是由于被传统的旧概念束缚，巴甫洛夫和他的同事们以及法国的韦特海默等不能从客观事实出发下结论，轻易地失去了发现一个近在眼前的真理的机会。而贝利斯和斯他林过去从来没有进行过这方面的工作，却在短短的时间内获得了这项重大成就，难道这是偶然的机遇吗？不是的，这是自然科学唯物主义的胜利成果。这种历史上的正反两方面的经验教训，是值得我们吸取的。

问　题

（1）什么原因使巴甫洛夫及法国的韦特海默失去了发现真理的机会？

（2）所谓"机遇只偏爱那些有准备的头脑"，是哪些因素使贝利斯和斯他林抓住了成功的机遇？

（3）贝利斯和斯他林实验的创新之处在哪里？

教学反思

"机遇只偏爱那些有准备的头脑。"通过这个故事的引入，学生深深体会到了这个道理，并意识到：固守权威，可能失去发现真理的机会。

（生物组　卢晖）

■■ 音乐：为什么命名为《二泉映月》

人教版七年级下册第三单元，有一节欣赏课《二泉映月》，其中涉及"瞎子阿炳"与《二泉映月》的知识。对于阿炳创作《二泉映月》及该曲的命名，始终存在着普遍的谬误。针对这种情况，我在教学中引入了相应的故事。

为什么命名为《二泉映月》（一）

无锡的惠山脚下有一股涓涓清泉，人称"天下第二泉"。

一年中秋之夜，小阿炳跟着师父来到泉边赏月。天上明月高悬，水面月光如银，师徒俩静静地倾听着泉声。突然，师父问阿炳："你听到了什么声音？"阿炳摇摇头，因为除了淙淙的流水声，他什么声音也没有听见。师父说："你年纪还小，等你长大了，就能从二泉的流水中听到许多奇妙的声音了。"小阿炳望着师父那饱经风霜的脸，似懂非懂地点了点头。

十多年过去了，师父早已离开人世，阿炳也因患眼疾而双目失明。他整天戴着墨镜，操着胡琴，靠卖艺度日。生活的穷困和疾病的折磨，泯灭不了阿炳对音乐的热爱和对光明的向往。他多希望有一天能过上安定幸福的生活呀！

又是一年中秋夜，阿炳在邻家少年的搀扶下，来到了二泉边。月光似水，静影沉璧，可阿炳再也看不见了，只有那淙淙的流水声萦绕在他的耳畔。他想起了师父说过的话，想到了自己坎坷的经历。渐渐地，他似乎听到了深沉的叹息、伤心的哭泣、激愤的倾诉、倔强的呐喊……

听着听着，阿炳的心颤抖起来。他不禁抓起胡琴，拉弓抚弦，想把积淀已久的情怀倾吐给这茫茫的月夜。他的手指在琴弦上不停地滑动着，流水、月光都变成了一个个动人的音符，从琴弦上倾泻出来。起初，琴声委婉连绵，有如山泉从幽谷中蜿蜒而来，缓缓流淌。这似乎是阿炳在赞叹惠山二泉的优美景色，在怀念对他恩重如山的师父，也在思索自己走过的人生道路。

随着旋律的升腾跌宕，步步高昂，乐曲进入了高潮。它以势不可挡的力量，表达出对命运的抗争，抒发了对美好未来的无限向往。月光照水，水波映月，乐曲久久地在二泉池畔回响，舒缓而又起伏，恬静而又激荡。

阿炳用这动人心弦的琴声告诉人们，他爱那支撑他熬过苦难一生的音乐，他爱那美丽富饶的家乡，他爱那惠山的清泉，他爱那照耀清泉的明月……

从此，这首不朽的乐曲——《二泉映月》便回荡在无锡的大街小巷，并渐渐传遍整个神州大地。

为什么命名为《二泉映月》（二）

1950年，中央音乐学院的杨荫浏、曹安和教授专程来无锡为阿炳的演奏录音，当时参加录音的还有祝世匡老先生。祝世匡曾在无锡报发表过《乐曲〈二泉映月〉定名经过》一文，他在文中写道："录音后，杨先生问阿炳这支曲子的曲名时，阿炳说：'这支曲子是没有名字的，信手拉来，久而久之，就成了现在这个样子。'杨先生又问：'你常在什么地方拉？'阿炳回答：'我经常在街头拉，也在惠山泉庭上拉。'杨先生脱口而出：'那就叫《二泉》吧！'阿炳说：'光《二泉》不像个完整的曲名，粤曲里有首《三潭印月》，是不是可以称它为《二泉印月》呢？'杨先生说：'印字是抄袭而来，不够好，我们无锡有个映山河，就叫它《二泉映月》吧。'阿炳当即点头同意。《二泉映月》的曲名就这样定了下来。"

第一个版本充满生活情趣，引人无限遐思；第二个版本朴实无华、波澜不惊。一般来说，第一个版本更符合大众审美。然而，优美的故事终究不能替代真实的历史。在课堂上，我旨在通过两个版本的比较，让学生们理性思考，在求学问时不要嫌麻烦而轻取素材，而是要通过查资料、思考、验证，最后得出正确的结论。语文、数学、英语等学科是这样，艺术学科同样如此。只有了解了作品真实的创作背景、意图、过程，才能帮助我们更好地赏析作品，与创作者心灵相通，产生共鸣。

这堂课上，两个故事的对比、引入，取得了较好的效果。学生们普遍表示，在欣赏音乐作品时一定要了解真实背景，不要人云亦云，轻信传言，以最大限度地接近作品原貌。

（初中音乐组　尤娴娴）

管理：校务委员文化故事

我们要求校务委员在校务会、处室工作部署会、教职工大会等汇报工作、交流经验时，讲述"我自己"的文化故事。在讲述中还原细节，展现完成事务的过程；在讲述中反思方法，生成学校管理智慧。多年积累下来，一种坦诚交流、深刻反思、追求实效、团结共进的学校管理文化在逐渐形成。

■■ 整个高三复习备考的"根"在学校

2018 年 1 月 15 日，高三年段召开协调会，主题是学科尖子生参加寒假培训的事情。

随着复习的不断深入，对学科尖子生而言，教师"教"的作用会越来越弱，而环境体验的作用越来越明显。为什么有的学校能够培养出那么多尖子生？这与学校的氛围是分不开的。基于这个认识，年段决定，寒假期间把高三部分尖子生送出去，到厦门、福州、龙岩等地方，参与名校或者培训机构的学习。石陵华段长负责这项工作，联系名校或者培训机构。

通过多方联络，我们得知周边的厦门、龙岩都没有开展尖子生培训活动。2017年高考，福州的尖子生人数下降，福州市教育局和一些名校的压力都很大，所以2018年寒假期间准备组织尖子生培训，已委托一培训机构做这项工作。经过石陵华老师的努力协调，该机构同意我们参加。

1月27日，高三年段召开高三优秀学生家长会。我介绍了年段寒假期间组织尖子生到福州参加培训的准备情况，陈校长做动员工作，并表示将尽量减轻学生培训费用的负担。

2月10日，曾晓军副主任带队，高三8名学生赴福州参加培优活动，13日结束；2月19日，我带了高三另外6名学生到福州参加培优强化训练，23日结束。

应该说，影响学生综合素质提升的因素是多方面的。短暂的培训只是其中一种。下面是尖子生是否参加福州培训与高考录取院校的情况——

参加培训的同学：陈楚韩，北京大学；蔡乙铭，浙江大学；戴奕飞，华南理工大学；林依，南开大学；庄心仪，香港中文大学；蔡竞昕，复旦大学；王晓晴，北京外国语大学；钟佳淇，武汉大学。

没有参加培训的同学：丁泓馨（全省理科第三名、泉州市理科第一名），北京大学；洪斯铭（晋江市文科第二名），复旦大学。

看来，尖子生培养，与校外培训机构有一定的关联，但关联度不一定很高。不过，只要是有成效的培训，就应该组织学生参加。

就此而言，我有几点思考。

（1）遵循学生成长规律。尖子生的培养是一个综合性工程，学校所创设的学习环境至关重要。丁泓馨和洪斯铭都没有参加培训，但高考都取得了优秀成绩，这说明优秀学生的培养没那么简单，想凭借几天培训就大幅度提高成绩，只能是一厢情愿。复习备考没有奇迹，必须"一步一个脚印"。

（2）切合学生学习需求。要不要参加培训，参加怎样的培训，衡量的标准只有一个：是否适合学生发展的需要。暑假参加福州培训的学生比预计的少，学校只提供平台，没有采取强制措施，由学生自己选择。没有参加培训的学生，在家里自由安排学习，效果也不差。

（3）发挥教师专业优势。任何一所优质的学校，都有一批专业过硬的优秀教师，他们用自己的双手创造优秀的教育业绩。整个高三复习备考的"根"在学校，外面专家或者名师的培训只能是一种补充，不要以为只有外来的和尚会念经。

当然，再优秀的教师，也要努力学习，也要接受培训，不断提升自己的专业水平。

（郑志雄）

▪▪ 我和祝正勇老师

2018年8月29日，一位新招聘的初中数学合同教师提出不能到校应聘。临近开学，这事儿让人着急上火。

这一年，中学数学教师缺额较大，很多学校都在发布招聘数学教师的公告，要招到合适的数学教师，已经不那么容易了。所以，我们招聘小组没有再发布公告，而是试图打通第二个渠道：去和晋江一中属于合作办学关系的中远学校借调。暑假，苏天从老师就以中远学校的名义招聘了一部分老师，民办学校的用人机制比较灵活。还试图打通第三条渠道：争取亦属合作办学关系的紫帽中学派人支持。

有思路才有出路，有行动才有收获。9月6日，在苏天从老师的努力下，中远学校又派来了数学合同教师吴佳莹老师。在陈校长的协调下，紫帽中学办公室主任祝正勇老师也来到我校初中部，担任两个班的数学教学工作，为期一个月，聊补无米之炊。

"祝正勇？"听到这个名字，我感觉有点儿熟悉，应该就是"记忆中的他"。我连忙拿起手机，找出一份翻拍的文件，一看，果然，在2003年我发给福建省普教室的报告《关于增加省级重点课题数学"指导－自主学习"教改的实践研究的请示》当中，看到了一些熟悉的名字：紫帽中学祝正勇、远华中学朱永升、晋江二中吴夏珊、华侨中学陈春雷、江滨中学朱刚强等。我是这个课题的负责人，他们都是课题组的成员。当时，课题研究还没有纳入职评和名师的评选条件，我们一批数学教育的爱好者，自发聚集起来，共同研究、解决在教学或教改中遇到的问题。没有津贴，没有奖励，但兴趣相投，我们共同度过了一段教学研究的快乐时光。

终于，9月1日，与祝正勇老师15年后再相遇。我伸出手，紧紧握住他的手。我们沿着时间轴，一路回忆起那沉醉于教育教学研究的青春岁月。真是没想到，好几个15年前的课题研究同行者，能相聚于石鼓山，相聚于晋江一中，再次为了实现教育的梦想而砥砺前行。

在我校"支教"期间，祝正勇老师认真备好每节课，教学严谨、负责，作业全批改和面批改相结合，非常注重学法指导，受到同事的好评和学生的欢迎。一个月过去了，"支教"的时间到期了，紫帽中学也要求祝正勇老师回校工作。听到消息，祝老师班上的学生希望他能留下来。祝老师说："和同学们在一起真好，我感受到了一中学子的天真和热情；和一中的老师在一起真好，我感受到了同行协作的真诚和用心。在一中待的时间很短，但学到的好的理念、好的经验很多，我要把这些理念和经验带回紫帽中学，我相信将会有所为、有所得。"

人生路上，常有偶遇。遇过之后，又在一起，在相同的路上走，朝着共同的立德树人的目标前行。我和祝正勇老师，正是这样。

几点体会，分享如下。

（1）广开思路，另辟蹊径。人们常说，办法总比困难多。但是，办法不会从天上掉下来，解决问题的思路常常来自自身的实践，离开了客观实际，办法是飘在天边的一片云，可望不可即。合作办学，为师资的调配扩大了空间，增加了解决问题的可能性。

（2）传递真情，探究真谛。教育不是简单的岗位设置，也不是单一的知识传送。教育是人学，既要探索知识的奥秘，又要探求育人的规律，是科学，也是艺术。所以，教育既要有对知识的探求，又要有同伴情感和师生感情的培育。离开了情感培育，或是离开了对知识的探求，教育就成了跛脚之行。

（3）通力协作，大有可为。人是自然人，又是社会人，每个人只有在同他人产生一定的关系中才能发挥个体的作用；学校是独立的，又是合作的，学校之间应当相互配合、相互支持，才能得到长足的共同进步。合作办学，师资灵活调配，资源共同分享，为"大一中"的发展提供了强大的助力。

（王洛阳）

▦ "我们已经好久没有营业了"

一天，财务处黄老师打印了一份"学校店面出租情况表"给我，说是其中有学校几年来店面租金收取明细，以及水电、合同签订等情况。我细细看了一遍，发现有些店面已经好久没有办理续租手续，其中有四间店面问题特别严重。经过与有关同事沟通后，我大致了解了来龙去脉，然后把情况汇报给陈校长。陈校长说，今年一定要解决好这个遗留多年的老问题。

一开始，我心里嘀咕着，面对这么多年都未能解决的问题，我能够顺利完成任务吗？但是，已经接受任务，我没有退路了。我找了几任后勤部门负责人，找了以前跟这四间店面的承租人有过接触的老师了解情况，大致理清了思路：确定续租合同签订的时间点，办好完整的合同手续，或是终止合同的手续，并把问题及解决问题的思路形成报告，提请集体议事会议通过。之后，我和文达主任开始了与这四间店面的承租人的正面接触。

其中一间店面的承租人有两个股东，他们一会儿抱怨生意不景气，一直亏本经营，一会儿抱怨学校店面质量存在问题……我们耐心地听着。

突然，一个股东说："我们已经好久没有营业了，今天只是来开开门、透透气而已。"说着，表现出一脸的无奈。

我灵机一动，问道："你们的水电费是不是每月都及时交？"

我的问题得到他们肯定的回答，于是我就不客气了："既然每个月都交水电费，怎么说没有经营呢？"

他们顿时语塞，无法自圆其说。

在与两位股东的"短兵相接"中，我们渐渐占领了道义的制高点，最终，他们接受了我们提出来的解决方案。

这件事虽然已经过去好些年，但我一直印象深刻，也对我此后的工作产生了积极作用。我想，事情得到比较满意的解决，有几个因素。

其一，责任担当。每个人都有自己的岗位。岗位意味着使命，意味着担当。只有把岗位同事业联系在一起，才能焕发工作热情，解决好岗位问题，促进学校整体事业的不断发展。

其二，调查研究。到了一个新环境，难免会遭遇新情况、新问题。要更好地完成任务，调查研究是第一步。不了解事因过程，不了解问题症结，就可能乱开"药方"，甚至错开"药方"。

其三，有理有据。解决问题有一个根本的方法，就是有理有据。所谓"据"，就是事实，抓住事实，进行说理，才能令人信服，才能比较完满地解决问题。

（陈福元）

⚏ 五项管理

当年段长期间，我很注重学生的五项管理，即心态管理、目标管理、时间管理、学习管理、行动管理。有一个班级，总体上学生素质不错，纪律上也没有太大问题，但部分同学学习上拼劲儿不足，对学习的各环节缺乏高标准、严要求，拖延症普遍存在，还没有养成很好的自主学习的习惯。针对这种情况，我引导他们学会应用行动管理日志表，管理好自己的时间，在时间管理上下足功夫。

第一阶段，利用班会课时间，对行动管理日志表的应用进行培训，让同学们充分认识行动管理的意义和操作要领。学生尝试制定自己的行动管理日志。周日晚到校的第一件事就是上交日志表，我一一批阅并提出相应的建议，对于一些典型问题，包括制定得好的方面和需要改进的方面，以合适的方式予以公开展示。经过两周的调整和培训，学生基本上都学会了制订自己的行动计划，并尝试建立自己的错题本、预习本、复习本。

第二阶段，开始注重内容。如何让有限的学习时间发挥最大的成长效益，要在这方面作有针对性的指导，我必须对每一位学生的学情有充分的了解，并联合科任教师与学生本人进行充分沟通，最后形成可操作性的补强措施，让行动日志在培优补差中发挥最大的作用。例如，张同学想补强数学，他自己定的措施是"多做题"，而根据他的实际情况，同样的题型多次做错，最后确定最合适的补强措施是"构建错题本"，对每一周练习、考试中的错题进行整理并重做，厘清思路，举一反三，作为每周行动计划中的最重要内容。当学生学会制定和安排任务，也懂得按重要性排序后，只要坚持下去，每天进步一点点，并形成习惯，三年之后必然会有大的收获。

第三阶段，主要工作就是加强师生对话。焦点在于不断激励学生，不断完善日志，巩固良好习惯，让学生体验进步的喜悦，进入学习、成长的良性循环。

通过一个学期不间断的指导和持续的行动研究，同学们的时间管理能力得到发展，学习成绩也有了一定的进步。学生总结了一些收获，如黄同学认为自己比以往更专注，有更高的学习效率；施同学认为通过日志表的规约，自律能力得到较大提升；王同学说，回家也没闲着，有学习任务，过得更充实了；何同学则觉得，月考之后收获很多，看到了英语学科的缺漏，有信心加快补上……

学生的学习不只是学习，更是成长；学生学习成绩的进步不只是成绩自身的变化，更是信心、学习观和自我管理能力的提升。

（1）学生管理是自我管理。自我管理能促进学生的自我反思和行为的积极改变。

（2）五项管理是日常管理。管理不是单一的管理，而是综合性管理，涉及学生的思想、习惯、学习、生活等。五项管理具有很广的覆盖性，特别是时间管理，对于培养学生的主动性和自觉性具有很好的作用。

（3）五项管理是过程管理。很多常规管理之所以只挂在墙上，或者被锁进抽屉里，是因为不具有过程性、操作性，条条框框很多，过于抽象，难以实施。我们的五项管理很多都是表格式的，可视性很强，有利于实施和推进。

（张晓东）

▦ 2018，高中毕业典礼

2018年，高考的钟声敲响了，这意味着一个时期的结束：经过三年的学习和生活，学生成长了，即将走出校门。在走出校门之际，应该给他们留下一份特别的记忆。

高考前半个月，高三年管委会召开例会，筹划毕业典礼事宜。6月8日考试结束，9日就召开相关会议，意在趁热打铁。但是问题来了，有一部分同学要外出参加自主招生考试——既然是毕业典礼，那就要让每个同学都能参加，否则的话，会令一部分学生留下遗憾。

曾晓军老师说，他曾看过一个毕业典礼的视频，毕业生在低年级同学的夹道欢送下，走着红地毯……很有种离别的感觉。郑副校长说，福州一中是由校长逐一给学生颁发毕业证书，很庄重又很亲近，可以给学生留下深刻的印象。讨论很热烈，大家各抒己见。会议最终决定，20日召开毕业典礼，由我制订方案，并统筹活动。

我设计了三个环节，即感恩、嘱托、励志。选定教师发言代表和学生发言代表后，我联系了刘翼老师和周健老师，请他们帮忙设计背景和制作PPT。三人一碰头，又产生了灵感。刘翼老师建议设计一个签名墙；周健老师说要有扣紧年段特色的主题，先呈现三年学习、生活的剪影，引发学生的美好回忆，再展示所有学生的个人照，激发对往昔岁月的回忆。三人再合计，形成共识。我负责统筹，刘翼老师负责背景、舞美、流程亮点设计，周健老师负责色彩和声音调配，以更好地营造氛围。最后，我们邀请张素婷老师帮忙撰写主题串词。

6月20日，石鼓长亭，朝雨霏霏；师生话别，情谊浓浓。毕业典礼如期举行。整场典礼充满了对往昔生活和学习的眷恋，洋溢着师生三年来沉淀的情谊。当陈校长把一本本毕业证书交给每一名学生，跟他们一一握别时，一个美好而隽永的画面，永远定格在所有人的心中。

几年过去了，这个画面还一直在我的脑海中涌动，一些思考也越来越清晰。

（1）仪式力求创新。一定主题和程序的仪式，具有相对稳定的内容和结构，容易唤起人们的认同和自豪感。但是，仪式不是固化的教条，可以在原有的基础上进行适当的改变和创造，既增强仪式感，又突出时代性。

（2）仪式需要表达。仪式是通过象征的方式表达一定的感受和思想的特定的活动。毕业典礼作为一种特殊而庄严的仪式，要让每一位参与者的精神和身体都有表达的机会，而不仅仅是"看客"。这次背景图大量播放学生的活动照片，在一定意义上说，是学生的一种间接表达。

（3）仪式注重细节。仪式有一个主题、内容和结构的组织，有一个开端、过程和结束的流程。仪式要令人刻骨铭心、难以忘怀，关键要有典型的细节。这次毕业典礼，通过借鉴，增加了校长颁发毕业证书的环节。学生从校长手中接过毕业证书，同校长交流，丰富了自我形象，提升了自我认知。

（石陵华）

■■ 没有小事，都是大事

我轮岗到总务处工作已经两年了。总务工作是后勤保障，衣食住行，没有什么惊天动地的大事，总是一些生活的"琐屑"。我经常在校园里转转，这边走走，那边看看，找找有什么需要解决的问题。

有一次，我发现校园的各个角落里蟑螂多了起来，于是，决定来一次灭蟑行动。因为用器械喷洒药剂有声音，又有烟雾，就把活动安排在星期天。上午，从8点到12点，下午从2点到5点，器械响个不停，药剂洒个不止。灭蟑有毒，容易出事，我紧跟工作人员，既做好安全防范，又及时查看效果。太阳落下，我回家后才发现浑身都是药味。还有那一回教学楼的粉刷。粉刷是一件脏活。粉刷时，器械喷刷，雾状颗粒到处飞扬，像是颗颗烟雾弹。为了保证粉刷质量，我时不时要出现在现场，每每外衣总是斑斑点点。经过三天两夜的奋战，终于如期完成了工程。

总务工作中，最令人担心的是台风——学校所在闽南，地处海峡西岸，是台风高发区。每次台风来临，上级的文件像雪花一样一个接着一个。这也可以理解，台风无情，安全第一。总务处要做的，就是通过学校信息平台发布提示，然后与保卫处一起，仔细检查学校每栋建筑物的门窗是否关好，各种设施设备是否存在安全隐患。最紧张的是台风登陆时刻——它常常发生在晚上，必须值好班，及时掌握台风动向，处置危急情况，保证校园万无一失。虽然，今年的台风总是绕开福建，躲开晋江，但是，抗击台风这根弦是万万松懈不得的。

总务后勤工作，似乎都是一些鸡毛蒜皮的事，但关系师生的生活，关系师生的安全，不是小事，都是大事。我的感想有以下三方面。

（1）服务师生是天职。后勤保障是实实在在的服务，不是抽象的口号，而是具体的行动，必须服务好师生，服务好教育教学，为师生成长、学校发展提供助力和创造条件。这是义务，更是天职。

（2）防患未然是重心。总务工作，不只是建设几幢楼房，购置几台电脑，也不只是算算账目，报销补贴，更重要的是为师生创设安全的环境，防止意外事故的发生，最大限度地减少生命财产损失，这是重于泰山的责任。

（3）发现问题是要务。要为师生提供优质服务，提供舒适、安全的生活、学习和工作环境，就必须善于发现问题，寻找管理中的漏洞，并及时"堵塞补漏"。如果能把事故发生的"火苗"及时扑灭，就等于为师生的安全围上了一道防护栏。

（王明镜）

▦ 一个空座位

2021年3月12日，我跟平日一样巡查年段。来到20班，看到一个空座位，心里不禁咯噔一下："不会又是小庄吧？"一问之下，果然，她又不见了。

这孩子上周回来后，不是挺好的吗，这闹的是哪出？

思绪拉回到2月27日，一样的场景。小庄同学半夜12点多从家里偷跑出去，第二天早上4点多才回家。中午父母叫了车让她到学校，但她并没有这样做，其间也不与父母联系，到了晚上7点多才自己去了姑姑家。

后面经过了解，小庄同学当天晚上睡醒后觉得没事做，就到附近24小时经营的饮料店蹭无线网络打发时间，而下午之所以未返校主要是觉得没玩够。她返校后，我联系了班主任，及时跟进了解情况，同时也找她进行了一番谈话，感觉问题不大了。

而这次不在班上，似乎更麻烦一点。经调查，昨晚半夜她与同校初一某女生一起偷偷跑出去，早晨家长起床后找不到人，急了，赶忙一一联系平日里她常常在一起的同学、朋友，还到她常去的地方找；同时，也联系了学校、班主任，请求协助寻找。

当天晚上9点多，我和段长、班主任一行人来到小庄家里进一步了解情况。其间，我和小庄通了一个电话，尝试劝其回家。通话时我初步判断她应该是在网吧，于是我们几个人分头到附近网吧寻找，没找到人。后面得知她跟姑姑关系较好，于是我们通过她姑姑的帮助，直到11点，才把孩子劝回了姑姑家。

为什么她会反反复复离家出走呢？我实在是想不通。但是，我总是相信，表现再差的学生也有转变的一天。

说起小庄这个孩子，性格开朗大方，有一定的管理才能和演讲才能，对班级集体事务较热心，喜欢手工，同时担任班级政治学科班长，能尽职尽责，问题主要是，对自身的要求太随性。她虽然在班级不是很受欢迎，但仍有处得来的同学，不算受孤立。学习方面，偏科严重，英语学习有障碍，处于低分水平；数学也不理想；其他科良好。总之，虽然成绩不理想，但大体是积极、向上的。

也许，造成孩子这种行为的原因，很有可能存在于家庭中。

平时，小庄的母亲忙于工作，还有一个小女儿要照顾，所以对小庄的教育有所疏忽，不够重视。小庄的父亲基本放任不管。小庄玩手机上瘾后，出现了一定的厌学情绪。她还通过QQ，认识了一些外校人员和辍学的同龄人。

小庄又一次返校后，我找她谈话。班主任更是多次跟她交流，不断地进行说服教育，相信她能向好，能进步；同时跟家长联系，让他们密切关注孩子的生活和学习，有问题及时跟老师联系。

或许，小庄突然就懂事了，慢慢有了进步，直到学期结束，这类事件再也没有发生过。

教育是一种等待，也是一种唤醒。

其一，不能怕反复。学生成长的差异性很大，有的学生受某种影响，养成了不良行为习惯，比如沉湎于手机游戏。这种改变不是一次两次的交流就可以完成的，它需要一个过程，一个反复说服的过程。

其二，相信学生。学生具有善良和积极的本性，本身没有问题，有问题的常常是学生的行为。要相信学生能正确认识自己行为的不足之处，相信会有改变、改正的一天。有了这种相信，才可能有更多的耐心，更好的期待。

其三，重视家校共育。学校教育与家庭教育是既有区别又有联系的两种不同的教育，两者缺一不可。而学校教育之所以是学校教育，一个重要的原因就在于它的专业性，这意味着，学校、教师要重视家校共育，利用好家庭教育资源，共同助力孩子的身心健康成长。

（孙文革）

▓▓ 最后一位

早在 2008 年的时候，晋江一中就推出一系列"石鼓小作家"出版活动。事隔十年，2018 年，由校长室牵头，团委再次发出了征稿函。

不久，团委征集到了来自初中部、高中部共计 32 名同学的稿件。经过指导老师的批阅，以及审稿小组鲍国富老师、庄清海老师的审读，10 位小作家的作品入选。

不过，在作品整理和成书出版的过程中，我们遇到了几个难题：有的同学不够自信，认为自己的作品达不到出版标准；有的同学作品精短，感觉数量不够，或由于费用问题，选择退出……其中有一位林同学给我留下了深刻印象。

林同学长得纤细乖巧，文思细腻，很有张爱玲的笔风。但她是一个腼腆的孩子，跟她说话，她总是低着头，脸涨得通红。认为自己的作品达不到出版水准的，她就是其中一个——她反复打退堂鼓。我几次动员，都无济于事。怎么办？我详细地阅读了她的作品，感觉她的文字非常有张力，尤其是游记，她的写作特别得心应手。我想，她应该是个热爱旅游的孩子。

　　　立德树人：从故事到课程

我又找到林同学，与她聊起了我的旅游经历和心得。听了我的讲述后，她抬起头，看着我，兴奋地打开话匣子，跟我聊起她的旅游史。我们都有深刻的感受：在旅途中可以遇见更好的自己。聊着聊着，我提出了希望：围绕"在旅途中遇见更好的自己"这个主题，把写过的游记和相关的文章进行再整理，出本小册子，与更多人分享。林同学稍迟疑了下，随即爽快地答应了，成为最后一位作品确定入选的小作家。

当拿到自己的作品集时，林同学激动得脸上笑开了花。而我的感触，也特别丰富。

其一，要帮助学生展现自我。每个人都有自己的向往，都有自己的优势。所以说教育是一种发现，然后在发现的基础上，帮助学生表达自我，展示自我，不断增强成长的获得感。

其二，要关注内向的孩子。我们更容易关注到性格外向的孩子，因为这些孩子敢于表达自我，也更会准确地表达自己。而对于比较内向的学生，我们会自觉不自觉地不够重视。这些"默默无语"的孩子，一样有自己的思想、理想和个性，某种情况下，他们更需要得到关照，更需要师生交流。

其三，要善于讲生活故事。故事是生活的故事，是经验的载体，是生动的教材。师生交流中，抽象的理论、空洞的说教，往往难以打开学生的内心世界，而故事像是一把钥匙，可以帮助教师找到"突破口"和"关键处"，进而推开学生紧闭的心门，让学生也说出自己的故事。

（杨雅清）

■■ 一节洗脸课

2020年3月27日，是特别的一天。温暖的阳光照耀在大地上，春风徐徐吹拂。下午，学校大队部组织了少先队第13、14中队到晋江特殊教育学校帮教。少先队队员们乘着大巴来到一所不寻常的学校。大家心里很兴奋，但又有点儿担心：当助教，我能行吗？

这所特殊教育学校里的学生，上天给他们开了一个玩笑，让他们来这个世上，却给少了他们某样东西，有的智障，有的听障，有的患自闭症，在人生路上，比常人多了一份艰难。帮助他们顺利成长，这是每个健全人的义务和责任。

下午2点，上课的铃声准时响起。助教们怀着紧张的心情进入各个教室。有一个小姑娘，戴着红领巾，拿着一个脸盆。当她踏进教室的那一刻，一位小男孩冲上来抱住了她，嘴里亲切地喊着"姐姐"，那一刹那，她满脸通红，可心都融化了，一位素不相识的小男孩，竟然能在初次见面时如此亲切地叫她。她低头看着他，摸了摸他的头，笑着说："小朋友好！"

这堂是生活课，她和助教队员们的教学任务是教孩子洗脸。在接受任务，来这里当小老师之前，她就觉得这件简单的事情可能不容易，那些孩子心理不成熟，思维不健全，生活能力的训练几乎要从零做起，需要有人来帮助。

一首轻快的洗脸歌响起。小朋友们听到了音乐，高兴得手舞足蹈。她让大家安静下来，然后和助教队员们领着一批孩子去打水。小朋友们整齐地排队，拿起脸盆接水。装了水，他们试着自己端回来。水有些重，有的小朋友把水洒到身上了，但他们依然坚持下来并努力端好水。

开始学洗脸了，他们都跃跃欲试。小姑娘给小朋友们做示范：先把毛巾放进脸盆里，浸湿；搓几下，拧干；接着，往脸上擦；最后，再放进水里，搓搓，拧干。有的小朋友很聪明，一点就通，跟着洗脸歌的步骤将脸洗得干干净净；有些小朋友则需要耐心地教，一步一步地教，反复示范，反复纠正，直到学会为止。

一节课的时间过得很快，一次特殊的助教活动到了尾声。窗外，阳光明媚；春风，吹进了教室。我们这些特殊的助教，看着面前可爱的小朋友们都学会了自己洗脸，心中有着说不出的愉悦与自豪。

助教们说，他们教会了小朋友们洗脸，而小朋友们教会了他们怎么去爱。我顿悟到，好的课程应该有三个基本特点。

（1）在活动中体验。到特殊教育学校当助教，这是一种生活的体验。一个人的成长不仅需要学习知识，也需要活动体验。有了活动，才能有体验。没有体验的生活，可能是空洞的生活。

（2）在体验中感悟。到特殊教育学校当助教，教小朋友学会了洗脸。有了活动的体验，有了生活的体验，关键还要有所感悟，感悟其中的道理和规律，感悟生活的意义，进而去追寻活动与生活的价值。这个感悟是一个过程，一个情感活动与理性思维的过程。

（3）在感悟中理解。在特殊教育学校当助教，这是一种角色体验。任何活动，学生无论处于怎样的位置，是主角还是配角，在幕前还是在幕后，只要参与其中，就会有所理解。这样的理解，将自我与他人、与世界联系起来，拓展了人生经验和精神视野，人由此得以提升认知，获得成长。

（周洁）

第三辑　素养梯度与文化故事

教育是国之大计、党之大计，教育要为党育人、为国育才。作为福建省首批示范性普通高中建设学校，晋江一中以"学生第一"为核心理念，努力实践"学科哲学"，旨在"建一所有哲学追求的学校"。

2012 年，晋江一中把学生成长的阶梯化规律、德育的体系化要求和因材施教的教育原则结合起来，整体设计学生素养梯度，分年级实施素养梯度目标，连续性、螺旋式地立德树人。

经过六年的探索、实践，2018 年，晋江一中将素养梯度目标的实施与文化故事进行课程整合，建立素养梯度目标达成的评价体系，引导和鼓励学生书写素养梯度目标达成过程中的文化故事，记录自己学习、生活、成长的重要节点和主要事件。

素养梯度目标的意义与实施

■■ 素养梯度目标的内容阐释

学生的成长具有阶段性，阶段性目标需要教育的引领，因此，要在不同的年级设置不同的素养目标，并形成一定的梯度。学生的心理成熟期有早有晚，素养梯度可以并应该给心理发育的成长提供导向，引导学生发展健全的心理结构。心理现象十分复杂，目标概念又十分抽象，因此，晋江一中基于每一个素养梯度目标设计活动，关注学生在活动中的态度和行为表现，一方面为立德树人提供心理根据，另一方面让学生记录自己学习、成长的体验和感悟。

对素养梯度目标的内涵和外延进行充分阐释，有利于师生理解素养梯度目标的含义、意义，并以此为目标，有针对性地开展活动、撰写案例、记录成长。

一、初中阶段素养梯度目标

1. 初一年级：热情与态度

（1）热情。内涵：热心、热爱、热诚、热心肠、热望、热衷（爱好）。外延：①对家庭生活的热情；②对学校生活的热情；③对学习阅读的热情；④对人对事的热情。

（2）态度。内涵：举止、神情、对事情的看法与采取的行动。外延：①对父母、老师的态度（热爱）；②与同学相处的态度（热诚）；③行为做事的态度（热心）。

2. 初二年级：目标与守则

（1）目标。内涵：要达到的境地或标准。外延：①行为目标（守纪）；②品行目标（守德）；③学习目标（日进）；④守时目标（自觉）。

（2）守则。内涵：自我与他人共同遵守的规则、要求。外延：①守信的守则；②守恒的守则；③自励、自省的守则；④督促共勉的守则；⑤践行、求真、求诚的守则。

3. 初三年级：涵养与眼量

（1）涵养。内涵：以理性控制情绪，将外在的目标、守则，内化为理性自觉；在突发的情绪平息之后，找出引发情绪爆发的各种因素；经过训练后，养成正确的待人处事态度。外延：①为人的涵养；②节制任性的涵养；③控制急躁的涵养；④精修的涵养；⑤调整心态的涵养。

（2）眼量。内涵：扩大眼界、提升眼力，见识深、眼光长。外延：①学习的眼量；②失败与成功的眼量；③进步的眼量。

二、高中阶段素养梯度目标

1. 高一年级：人格与修养

（1）人格。内涵：性格、气质、能力特征，育成美的个性。外延：①公民人格（遵守法律、享受权利、承担义务）；②个性人格（独立、尊严、诚信、自由）。

（2）修养。内涵：理论知识、艺术思想达到一定水平，养成待人处事的正确态度。外延：①道德修养；②思想修养；③学问修养；④做人修养；⑤审美修养。

2. 高二年级：抱负与价值观

（1）抱负。内涵：远大的志向，明确将来"要做什么事、要做什么样的人"的意愿和决心，正确认识自我、科学设计自我、严格管理自我。外延：①特长抱负；②优势抱负；③潜质、潜能抱负。

（2）价值观。内涵：对经济、政治、科学文化、道德、金钱等的总体看法，能指导人生方向，对社会有积极作用。外延：①科学文化知识内化为思想、能力、实践的科学价值与人文价值；②自尊、自爱、自信的人格价值；③善良、诚信的道德价值；④自我实现与社会实现一致的人生价值。

3. 高三年级：信仰与情操

（1）信仰。内涵：信用，忠诚地遵守信守的准则，相信并承诺。外延：①社会主义信仰；②共产主义信仰；③社会主义核心价值观信仰；④人生信仰。

（2）情操。内涵：感情和思想融合成的不轻易改变的心理状态。思想专注而活跃，善解人意、通情达理、富有人情味，会欣赏他人和美的事物。外延：①生活情操；②审美情操。

■■ 素养梯度目标的课程体系

课程是实现素养梯度目标的重要抓手。晋江一中整合 2013 年"六德之星"、2014 年"我的书房，我的故事"、2015 年"我和大楼"、2016 年"我的价值观故事"、2017 年"石鼓景园"等主题活动经验，形成素养梯度目标的课程体系。概述如下——

初一　热情与态度：书房的故事，家风的故事；

初二　目标与守则：班风的故事，学风的故事；

初三　涵养与眼量：大楼的故事，素养的故事；

高一　人格与修养：榜样的故事，晋江人的故事；

高二　抱负与价值观：价值观的故事，学科的故事；

高三　信仰与情操：信仰的故事，石鼓山的故事。

■■ 素养梯度目标的实践活动

基于每一个梯度目标，设计相应的主题式体验、思考、实践活动。比如班会活动，将阶段性目标集约成一个主题，启发学生行动；通过学生在活动中的态度和行为表现，探索心理根据、发现心理规律，给予恰当的引导；引导学生收集、整理活动印记，写成案例，还原体验、反思得失，形成个人成长文档，不断淬炼学习力、成长力。

初一年级："热情与态度"活动（参考主题）。

（1）"我的家庭购书活动"。

（2）"有了书房，家庭就有了变化"。

（3）"一家人阅读，是一种好的生活方式"。

（4）"我为父母做的第一顿饭"。

（5）"会生活，从做家务开始"。

初二年级："目标与守则"活动（参考主题）。

（1）"老师口中的目标移到了我的心中"。

（2）"坐在车上，发现最远的目标是地平线"。

（3）"去爬山，发现最高的目标在高峰"。

（4）"时间是加法，又是减法"。

（5）"静下来的时候，我听到时间的脚步声"。

初三年级："涵养与眼量"活动（参考主题）。

（1）"你骂完了，就说说我犯错的原因和根据"。

（2）"有一次情绪爆发，'妖魔'跑出来了"。

（3）"一声'对不起'远远不是对自己的原谅"。

（4）"什么话都说出来吧，我一定好好倾听"。

（5）"哲学家说：'因为我知道，所以有更多不知道。'"

高一年级："人格与修养"活动（参考主题）。

（1）"我可以不接受你的意见，但我尊重你说话的权利"。

（2）"你狠狠批评吧，但请你不要损害我的人格"。

（3）"尊重别人，从尊重自己做起"。

（4）"我是个志愿者，先想到的是如何感谢别人"。

（5）"欣赏别人是一种胸怀"。

高二年级："抱负与价值观"活动（参考主题）。

（1）"抱负就是把志向紧紧抱在怀中"。

（2）"人是学出来，更是做出来的"。

（3）"再好的抱负也要付诸行动，让自己与别人看到"。

（4）"认识自己、规划自己、实现自己"。

（5）"人各有所长、各有所短，抱负就是从克己所短、扬己所长开始"。

高三年级："信仰与情操"活动（参考主题）。

（1）"平凡的日子里总能有新发现"。

（2）"我不媚俗，因为有美的崇高追求"。

（3）"父母说，体贴比关心更好"。

（4）"我不但懂得许多知识，而且通情达理"。

（5）"我终于为信仰找到了价值根据"。

一系列年级素养梯度目标活动的开展，引导和促进学生深度体验、深度阅读、深度思考、深度表达，进而导向深度学习，发展学科思维、思辨能力和健全人格，素养梯度目标的达成，成为学生健康成长的过程。

作为具体的成果，我们汇编出版了"素养梯度目标丛书"，评选了一大批"素养成长之星"，并纳入学生综合素养评价。

素养梯度目标的文化故事

▓ 初一　热情与态度：书房的故事，家风的故事

初一学生开展"热情与态度"的主题实践活动，然后对活动进行记录，撰写文化故事，表达自己的思考与感悟。

我们的阳台，我们的书房

拂晓，晨曦洒在早读的孩童脸上。稚嫩的书声，唤醒了一家人。一天的生活，在阳光中拉开了。

现在住的房子开始装修时，我刚步入小学，弟弟还被妈妈天天抱着。没有人考虑，家里应该有一个书房。

等我们慢慢长大，我的卧室经过了两次装修，已经成为我的个人空间。3.5 米长的书桌装载着我从小至今的汗水与笑颜，而弟弟呢，不再满足于那小小的卧室了，他的主阵地转

移到了客厅。于是，妈妈决定：把阳台改装为书房。

一张长方形木桌和两条长凳进了我们家。傍着落地窗，前面是全家福，桌上始终整齐，唯有一套茶杯与一束百合从未变动过位置，而最后面是一个储物柜。家庭在最前面，中间是精神，内涵始终如一，最后才是生活的琐碎。

从此，弟弟很少再拿起电视遥控器，每天回到家，都能看到一个小学生伏案在阳台。他的目光，在书中，在笔尖，在纸上，不断流转。每天走到楼下，我总是习惯性地抬头一望，那里的身影，陪我度过了无数个日子，给了我无尽的慰藉和安全感——那是家。

自从我踏入初中校门，妈妈便慢慢闲了下来，像回到了少年时光，36 岁的她，心里始终有个 16 岁的少女，渴望知识，渴望突破，渴望卓越。

妈妈喜欢研究茶艺，每周末的一壶白茶是必不可少的。她还喜欢侍弄花草，抄写佛经，也常常翻着金融理财和心理学之类的大部头埋头钻研。

我想，像她这样不服老、不服输，想努力找回从前丢掉的机会，追求更高境界的人，应该不多了。

仔细回想，我真是比上不足，比下"无"余。同样是在这样的一个书房里，我对它的利用明显不够。四溢的书香里，我可不能落伍啊！我也要在每天第一抹阳光划破天空的时候开始读书，在每天第一捧月光撒落人间的时候温习一天之所学。

阳台的书房里，我抬起头，远望那轮明月，它与朝日，正伴我成长……

（2020 级初一 5 班 李子丹）

酷

约莫是小学三年级的暑假，繁重的学习任务让我无从下手，我一直想逃避这"残酷"的现实，每天偶尔动动笔，依着性子想做什么就做什么，甚至因此与爸爸妈妈闹了几回小脾气。直到有一天，他们突然不怎么搭理我，这使我有些诧异。

一次，抱着探个究竟的想法，我悄悄跟着爸爸妈妈出了门。没想到，他们径直来到了小区的老人会。

我躲在门外，瞧见了这样的一幕——爸爸蹲在那台略显破旧的电风扇前搬搬弄弄，发挥着自己理科生的才能。炎热的七月，在没有空调的屋子里干着力气活儿，这可不是一种折磨嘛！而在另一边，妈妈坐在小板凳上，仰着头，正与几位奶奶聊着天，奶奶们似乎很是兴致勃勃。

我有点儿不解：干嘛给自己找麻烦！带着疑惑，我先回家了。路上，碰到了老人会的负责人，他十分高兴地跟我说："真谢谢你爸爸妈妈来帮忙。为社区做公益服务，刚开始大家都很踊跃，但也就是三分钟热度。你爸爸妈妈，一直在努力付出。真的感谢！"

许久，爸爸妈妈终于回家了，他们都满头大汗，但脸上洋溢着笑容。我的心头有点儿热，却还有些死要面子，倒了两杯水递给爸爸妈妈，便不再多言语。

爸爸先开了口："刚才，我们是不是很酷？"我惊诧地抬起头，瞧见了那洞察一切的眼神。"要想那么酷，得先把自己的事打理好，得先把自己的学习、生活打理清楚。"我一下子羞愧极了，心中暗暗下了决心。爸爸妈妈大概看出了我的心思，都笑了。

那天以后，我一改往日的"陋习"，走出了自己的舒适圈。我要以爸爸妈妈那般的酷为榜样，为走好自己的下一步路打好坚实的基础。

而爸爸妈妈，一天天的，有条不紊地做着他们认为应该做的一切。我的爸爸妈妈，真的很酷！

（2019 级初一 2 班　吴思宁）

■■ 初二　目标与守则：班风的故事，学风的故事

初二学生的实践活动主题是"目标与守则"。他们结合活动主题和内容，撰写文化故事，分享自己的发现与思考。

二班，一个形容词

不知道从什么时候开始，二班，变成了一个美好的存在。

记得有一次，我吃完午饭回到教室，看见好多人围在一起，你一言我一语地安慰着一个哭得很伤心的同学。看到这一幕，我的脑海中浮现出学校运动会 400 米比赛前同学们为我加油打气的画面。那天下午，当他们走过来对我大声喊"加油"的时候，我心中有满满的感动。为了让我缓解压力，他们各出奇招，有的讲笑话，有的自嘲成绩不好，有的甚至还跳起了舞。让我印象最深刻的，是体委一边嫌弃他的奖牌质量不好一边还戴在身上的模样，那个表情，把我们一群人逗得哈哈大笑。我看着他们，心里像是被注入了什么东西，整个人热乎乎的。

其实，他们不说我也知道，他们做这么多就是为了让我不那么紧张。他们用他们自己的方式，向班级的每一个人传递着力量。

温暖，是在这个集体中一定能感受到的。

运动会期间，让我最难忘的比赛，不是我自己的项目，而是迎面接力。从比赛开始，我们班就处在领先的位置，都觉得稳了，谁知老天竟和我们开了个玩笑——有人掉棒了。听着隔壁赛道班级的欢呼声，我们心里很是着急，但没有人抱怨，只是希望能够快点回到领先的地位。还好，有个眼疾手快的同学捡起掉在地上的棒冲了出去，加上后面同学拼尽全力地冲刺，我们

最终赢得了小组第一。比赛结束后，我们20个队员击掌拥抱，每个人脸上都洋溢着灿烂的笑容。

团结，是这个集体凝聚力的象征。

期中考前，各科老师看着下课时间在玩闹的我们都恨铁不成钢地说，要是再不努力就要被别的班超过了。我们都不以为然。其实，看似轻松的背后，是加倍的努力。那一本又一本的笔记，一张又一张的试卷，一本又一本的错题，都是我们努力过的汗水。老师们看到我们在玩，是因为我们已经作好了充足的应对考试的准备。努力和结果是相对应的，我们守护的不只是"第一"这两个字，还有我们身后的荣誉和汗水。

努力向上，是这个集体不经意间的"温柔"。

温暖、团结、努力向上，还有很多很多美好的词汇可以用来形容二班。在我们心中，二班早已成了一个形容词。

（2019级初二2班　周笑凡）

学海有清风

清风吹起书页，卷起满室墨香，沁入人心。学海之上，唯笔声沙沙，瞥一眼伏案众人，如沐春风。

已是跑操独自愁

"一二一！一二一！"跑操的旋律响彻操场，众人脚步如麻，气喘如牛。虽是队列整齐，然而细细看来，有很多同学小声念叨着什么。"1949年10月……开国大典……标志着……呼！……"前面的女生一边念叨着，一边紧跟着队伍。再看旁边，两位同学你一句我一句地接着古诗，前头仿佛还有背政治的。清风抚过他们认真的面庞，我也开始低头默背起历史。

一位系鞋带的同学跑了上来，排到了数学课代表身边，我见他两眼发光，就知道一场数学风暴又要来袭了。果然，他问道："晨，我问你……$a^2+b^2+c^2=1$……求……"风将他的问题送入大家耳中，有一部分人开始冥思苦想。

已是跑操独自愁，却着书香气。这便是我们班，清风之下，随时学习。

拣尽方法不肯息

数学课上，老师总爱问，"还有什么解题方法"，风吹起思绪，"金点子"炮轰老师，好几种方法一上来，我们双眼顿时明亮，在一阵"哦""嗯""这样也行"中，大家开始讨论哪种方法最简便，我们匆匆在草稿纸上写着，讲台上的人眉飞色舞地分享着，一题还未结束，课已过了大半。

然而少年们不愿止步，誓要找出一种最好的方法，于是，各种新奇的想法横空出世。那时候的风总是很清凉，吹动每个人的灵感。

拣尽方法不肯息，钻研清风暖。这就是我们班，不论何时，都将题钻研到底，求知若渴。

夜阑坐观墙上题

恰同学少年，日夜不息。那是晚自习，晚风清浅，吹下粉笔灰点点。众人作业已做完，许多人托腮盯着黑板——并不是发呆：那是一板的作业，一板的思考题。学习委员总细心挑选适合我们的思考题写上，数学、物理、地理，各个科目轮番上阵，并于次日附上答案。于是，便有了我们的抬头苦思、指手画脚。

是夜，月皎洁。晚霞余晖，晚星初浅。急匆匆吃完饭回班级的几个人，围在讲台边，倚着，靠着，站着，坐着，或指着黑板，或叉腰皱眉，或抚额深思。粉笔，草稿纸，黑色，白色，题目，少年，伴有清风，那是我们班独有的饭后消遣活动。多少个夜晚，已成风气。

夜阑坐观墙上题，知识清风入班来。这又是我们班，学海之中，日夜兼程，不畏长夜。风浅浅，奋斗已然成为一种学风。

（2019 级初二 4 班　洪葳）

■■ 初三　涵养与眼量：大楼的故事，素养的故事

初三学生的主题是"涵养与眼量"。相较初一时的"热情与态度"、初二时的"目标与守则"而言，"涵养与眼量"既是提升，也是深化。

朝暮日知楼

你，是一栋教学楼，红白是你的主色调。你无声无息，我却能感受到你的陪伴，听懂你的言语。

日为朝

初三学业繁忙，住宿时，学习效率低的我，常常早起补作业。冬日里，太阳起得晚，天地间灰蒙蒙的，只有路灯熠熠生辉。每当我来到教室，写一会儿作业，便到你的走廊上去，倚着栏杆看日出。天边已有了一点光亮，厚厚的云层中，有能量在积蓄。朝阳一点一点地挣脱云的束缚，挤出一线天地，洒下一束金色的光。远远望去，云像破了个洞似的，一股金白色的流水正直泻而下。渐渐地，洞越来越大，朝阳一跃而起，顿时，天地间阳光普照。

你总陪着我在一片宁静中欣赏这短短几分钟的视觉盛宴。每当朝阳完整而充满活力地出现在天边，你仿佛也在向我低语："看呐，又是新的一天，这会是美好的一天。"我总能感受到你的祝福，常报以一笑，并愉快地、充满能量地迎接新的一天。

月为暮

农历每月十五、十六，月亮最圆了。晚自习的课间以及放学后，常常是赏月的最佳时机。这时候，除了你，还会有志趣相投的朋友陪我一起看月亮。左前方的两栋楼间，月亮正高悬在那儿。月亮的颜色有点儿暗，不是明

亮的黄色，却有其隽永之意。它恰似一位从古时候走来的老者，慈爱地注视着一切，将淡淡清辉洒向人间。这时候的心，总是异常平静，一天的疲倦也就这么慢慢淡去。

倚着你的栏杆，总觉得安稳。此时的你，会问我："一天又要结束了，今天过得怎么样呢？有哪些收获？"于是，我便在脑中回顾着这一天，老师上课讲的话、新学到的知识、与朋友的交谈等，一幕幕浮现在脑海中。

就这样，温习了新知，回顾了一天的收获后，我在心中回答你的问题。你总能听见我的回答，有时会很满意地说"很好"；有时则是提醒我"明天别再这样了"。我听着你的话，在心中点点头。

卿为朝朝暮暮

不知不觉间，一学期过去了，你陪我走过了无数个日日夜夜。看我哭，看我笑，看我崩溃，看我玩闹，你总为我提供一个欣赏自然美景的绝佳视野，陪我在自然美景中净化心灵，静静蜕变。谢谢你的陪伴，我知道，我们的故事，才刚刚开始。

（2016 级初三 12 班　林铭汝）

秋思·楼

每个人的生命中，都有几栋大楼是十分重要的，我也有那么几栋大楼。

当东方的一抹红夹杂着金色的光芒照耀在慎思楼的上方，琅琅的书声便响起了。窗外的叶，纷纷扬扬，鸟儿跃在枝头，不知在忙什么。

每当下课时分，我总爱在慎思楼前的小花园中散散步。园中姹紫嫣红，让我放松一下心情。有时同学在园中嬉戏，引来周围的同学一起哈哈大笑。放学后，花园的小径上，有同学们打羽毛球的身影。

夕阳缓缓洒下的余晖中，秋风吹过。窸窸窣窣间，耳畔传来了慎思楼的广播声，伴随着优美的音乐，播音员深情地讲述着"晋江故事"和"晋江一中故事"。我有时会静静听，有时则拿起书本静静读。

夜晚，向窗外望去，总能赏心悦目，为何？那片苍穹之中的忽明忽暗的星，周围是一层层透亮的银纱。外头的夜，时不时吹来几许清风，使人忧愁两清。提笔在纸上留下几行黑字，流淌的是一日间对自己的反思。

我与这慎思楼的缘分似断也未断，因那深深的情未断，故缘也从未断过。楼，过去的故事依旧动听，我无法忘怀；楼，今生的事，由我们来书写，不知是否可以添上厚重的一笔，令其风采永存？

（2016 级初三 2 班　张君瑶）

▓▓ 高一　人格与修养：榜样的故事，晋江人的故事

高一年级，新的人生阶段，新的学习旅程，"人格与修养"成为主题。

我的同学吴铭坤

榜样的力量是无穷的。我的同学吴铭坤，就是这样的一个榜样。

上网课期间，铭坤坚持按照学校作息时间安排一天的生活，每天早早开始学习，他早读的照片，就是大家早读开始的信号。他严格自律的学习态度，是我的榜样。

无论有谁向铭坤请教问题，他都不厌其烦，将问题解释得一清二楚。铭坤的化学能力独步高一高二，因而常常有人请他帮自己补习网课期间落下的功课，他从不推辞，把两套桌椅搬到教室外面，就利用午休时间，为同学上起了化学课。他乐于助人的学习品质，是我的榜样。

有时考试结束，铭坤也会为自己的小失误而叹息，尽管他的成绩在众人眼中已经高不可攀；他总是精益求精，力求明天进步一点点。他的"止于至善"的自我要求，是我的榜样。

如果你认为，铭坤的生活中只有书本、只有做题、只有考试的话，那

么，你就错了。实际上，铭坤还热爱体育锻炼，特别热衷于跑步和踢足球。他的足球水平，在班级同学中是数一数二的。而且，这样的数一数二，也没有使他成为孤家寡人，相反，他与同学们相处融洽，彼此为光，相互照亮。

一次班会课上，铭坤说，他的理想是考入清华大学的化学系。是的，他就是这样一位有鲜明的目标意识和笃实的行动能力的榜样。

（2019级高一1班　张立恒）

只是一个人，只是一段往事

那一夜，他无法入眠。

父亲的去世，使家庭的顶梁大柱塌倒下来，重担压在他的身上，是走还是留，此时的他正与那入了华容道的曹操一般，进退两难。终于，他下了决心，回家，回晋江。

外公出生于内坑的一个贫苦农民家庭。生来就意味着一辈子要面朝黄土背朝天的他，不甘于受禁锢，极其珍惜上学的每一刻时光，试图以此来改变命运。假期里，他常四处闲走，走过林间小路，迈过稻田，越过丘陵，对村落里的每一处池塘、每一条岔路、每一块土壤，都了如指掌。

功夫不负有心人。外公被南安一所高校录取，而后又被福建省地质队看中，纳为队员。

消息传到曾外祖父耳中，很快就传遍了村子的每一个角落。

那一天，那个外出的高中生回来了，为了向亲人告别，向家乡告别，向曾经的自己告别。村人举行了盛大的欢送仪式。曾外祖父既开心又有些许落寞。告别的时候，他挥着那双常年耕种的手，看着儿子渐行渐远……

走过千万条街道，步过千万座石桥，迈过千万座山丘，水文调研，地形勘探，空气质量检测，跟着地质队，外公的脚步从不停歇。那时省地质队刚刚成立不久，没有什么好的待遇，也缺乏先进设备，他们靠的是一颗颗火热的心。

问及外公加入地质队的理由，他总是笑笑，从不多说什么，唯有眼神中不变的热诚，让我读懂了一点。

那一年是他参与地理勘察的第四年，经历了几年毫无经验的"小白"生活，他也能一夫当关了，而也正是在那一年，风雨侵袭了杨家，让家族遭到了重创，曾外祖父去世了……生活活生生地把他面前的大道拆解成两条泥泞的小路：是回乡担负起家业，还是继续追求自己想要的生活？

那一夜，他无眠。

作为一个普普通通的青年男子，他更愿意去为自己的梦想，为自己想要的生活拼搏，地质队虽然工资微薄，却有他想要的目标，有他努力过后所获得的成就。同时，作为一个晋江农民的儿子，田地生活告诉了他，家庭和亲人多么重要。晋江本土敢拼敢赢、务实质朴的精神早已熔铸于他的血脉中。他，呆呆地坐在床上，直至窗外的朝霞换了皓月。

那个曾经意气风发的少年又出现在了村口，二十几岁的他，变得沉稳，即使他面对的是他不愿意成为的农民的样子。

外公没有放弃他的地理特长，邻居建房，河流架桥，运动场选址，诸如此类，外公都主动担当，慢慢地使村子显露出别具一格的建筑美感。农闲之时，写几副对联，雕几件木工，饮淡茶，邀对弈，生活不也慢慢过着吗？外公似乎也开始享受起了农民生活，"采菊东篱下，悠然见南山"。

时间过得很快，外公渐渐老了，纵使没有了当年的年少轻狂，却也不再为逝去的年华遗憾。

而今，杨家的事业兴盛，子孙满门。外公布满褶皱的脸上常常挂着笑容。问及往事，他也只是云淡风轻地谈几句，没有多说。

去年，外公也去了天边。想望他的一生，心生感慨：一个晋江人的故事，就此了结……

（2020级高一15班　张杨涛）

■■ 高二　抱负与价值观：价值观的故事，学科的故事

高中阶段，由"人格与修养"起步，高二集中在"抱负与价值观"这一主题上。

以梦为马，向阳而生

若说价值观为风向，则抱负为风帆。每个人都在一定价值观的引导下确立起自己的抱负，并为之奋斗。我辈青年当以梦为马，向阳而生，用青春之我创造未来之我。

小学时，偶然接触到了关于医者的电视剧，虽然电视剧的元素十分多样，但医者身上甘于奉献的人性光辉让我深深着迷了。面对工作，他们需要抛开一切个人恩怨，全心全意为每一个生命负责，这正契合了罗丹所说的，"工作就是人生的价值，人生的欢乐，也是幸福之所在"。而这份职业，也契合我的价值观，我的抱负从此扎根。

从小学到高中，随着课业难度的加大，我对自己的抱负又感到了迷茫，我开始思考是否有能力去搞定倚叠如山的医学书，又是否有能力和信心去扛起医者的那份责任。这次疫情，和身边一位好友的事，给了我答案。

疫情期间，我时常翻看微博，在查看每日疫情数据报告时，也时不时刷到许多医者的事迹，有时或许只是一句话或一张笑脸，但足以让我感动和钦佩。这一群抗疫医者无所畏惧的身影，填满了我心中的"英雄墙"，我觉得这就是我心之所向，是我想成为的模样，我没有任何理由犹疑和退缩。而前段时间一位密友的突发情况，让我更加坚定了我的想法。从每日在学校谈天说地变成几天才能在网上聊几句话，倾诉痛苦，这让我一度非常害怕失去这

位与我共同早起奋斗的密友，于是那种一定要以己之力挽救更多人生命的想法在我心中变得更加根深蒂固。我想，无论如何，我都要努力去实现成为医者的抱负，让身边的家人、朋友少一份担忧，让和我一样为朋友的痛苦担心的人放心，让社会的责任多一人分担。

价值观是前进的风向标，抱负是路上的加油站。人生价值掌握在自己手中，坚定的抱负一定能助力我们，以梦为马，向阳而生。

（2018 级高二 1 班　李雯澜）

我选择了历史

时间慢慢步入盛夏。

抬头一看时钟，距离晚修放学还有 30 分钟，作业多半都整理好了。我愣了一会儿，脑中忽然蹦出一个问题：真的要选历史吗？

虽然，我早已在他人面前宣扬自己会选历史，虽然我可以用极有利的事实——我的历史成绩远远好过物理成绩，来安慰、说服自己，虽然我对历史的热爱远远高于物理，虽然我眼中的历史不是常人眼中的那种就业难、没有用的学科，而是一门伟大的学科。但是，我的朋友们在物理中，我更开阔的未来在物理中，我最寻常的人生在物理中。

一股强烈的纠结感缠绕在心中，一股强烈的选择历史的愧疚感挠抓着我的心。这时，一只有些许皱纹的手敲了敲我的桌子，哦，是我的班主任，丁老师。她向我挥了挥手，示意我出去。

站在班级门前的空地上，我心中有些忐忑，想着丁老师为何叫我，丁老师单独把我叫出来也是少见，这是第一次。

丁老师说的第一句话，"你应该决定选择历史了吧"，在我心中泛起的，是惊涛骇浪！作为班级中极不起眼的一个学生，我总觉得老师应该不太关注到我，但事实是，丁老师没有忽略我，相反，还看出了我心中所想。

我有些慌乱，虽说心中早已有了选择历史的决定，但丁老师这突如其来的肯定，也仿佛切断了我的退路一般，好像我只能选历史了。

我支支吾吾应和着，想要给自己留出退路："有这个想法……"我顿了顿，看见丁老师点了点头，笑着说："其实你在我心中一直有着文科生的那种气质，就是……就是从礼仪培训开始，你就一直给我这样的感觉，很博学，就感觉什么都懂的样子。"

说实话，这时我心中只有一种感觉：受宠若惊。我从来都不知道我给老师留下了这样的印象，我甚至从来都不觉得自己有博学的模样。

丁老师继续说道："别看这个社会现在稀缺的是理科人才，在这个高速发展的时代，科学技术的创新和发展很重要，但是你也别忘了，文科同样很重要，社会依然需要文科，历史才是中国的底蕴。你喜欢历史吧？"

我不禁想起了第一次被历史的浩瀚与纵深震撼时的感受，我坚定地点了点头，答道："我喜欢历史！"心中的迷雾，好像被一束阳光穿透，开始渐渐看得清晰了。一句我曾经看过的话浮现心头：理科的东西是让这个世界继续向前发展的，而文科的东西是指导这个世界如何正确地继续向前发展的。

第一次，我看到了自己的抱负。哪怕选择历史与选择物理会有太多的人生不同，但是我喜欢历史，我在历史中看到了自己的抱负，这就足够了！接下来，我只记得我拼了命地努力，我想考得再好一点，我想用努力让自己选择历史成为必然。那次期末考，我拿了全校第一，历史！

我依稀记得高二上学期开学第一天，在走廊上偶遇了丁老师，尽管她已经不是我的班主任了，但我永远记得，她叫住了我，满含笑意地对我说："我真的很为你骄傲！"

我有些害羞，笑着点了点头："谢谢老师！"因为您，我坚定了选择历史的道路，因为您，我看到了自己的远方。

（2019 级高二 11 班　郑金峰）

■ 高三 信仰与情操：信仰的故事，石鼓山的故事

由"人格与修养"到"抱负与价值观"，高中的孩子，有越来越明晰的人生志向和职业规划。高三，需要进一步为未来的生活打底、筑堤，需要为"信仰"造句，让"情操"开花。

外婆的信仰

外婆七十多岁了，从未因鸡毛蒜皮的事与人吵架。谦和、宽容、善良、能干是外婆的特点。邻居中有人爱贪小便宜，今天借点儿钱，明天拿点儿油，外婆总是乐呵呵的，有求必应。家人不满，说不该睁一只眼闭一只眼就这么算了，但她从不计较。"老天看着呢，种下善因，就得善果，"她喃喃自语道，"人都是有良心的。"后来，外婆生病住进医院，邻居都带了礼物去看她。事后，她拉着家人的手，充满喜悦地说："看吧，人都是有良心的……"满脸的欣慰与满足。外婆的信仰让她感到幸福。是呀，善有善报，恶有恶报。

又一年寒假，我提早回到外婆家。刚到楼下，就看见已经等了很久的外婆。她苍老了许多，头发变得稀疏且花白得刺眼……我顿了顿，跑向我思念已久的外婆，外婆轻轻拍了拍我的手臂。我想到临来时妈妈的嘱咐，就不再说什么。

晚饭后，外婆还是开口问了："你妈……今年会回来过年吧？"说话时的迟疑与小心翼翼，让人心疼。"会回来吧，应该……会的。"外婆开心地笑了，说："都说，'女儿是妈心中的燕，永远飞不远'，她一定会回来的。"她难掩心中的喜悦，开始在屋里打扫起来。外婆的步子缓慢且笨拙，早没了以前的雷厉风行。她老了，但心中永远止不住对儿女的挂念，总独自默默地想

着，默默地说着，默默地流泪。

走前我妈对我说，她今年年假就几天，或许不回来了。我每想提起，外婆却总说起她视为真理的那句话："'女儿是妈心中的燕，永远飞不远'，怎么会回不来？一定会回来，绝对不会错的……"她带着些不安瞧着窗外，然后无比坚定地走向厅堂，在佛像前闭目祈祷。外婆其实也不确定我妈是否会回来，但她对这句话无比坚信，这样的坚信给了她力量与希望。

腊月二十九晚上，我已睡着，半夜听到一阵开门声和交谈声。妈妈回来了？我溜下床跑了出去，只见爸爸妈妈正在换鞋子，外婆站在一边，双手叠在一起，眼中充满孩子般的兴奋，甚至还有几分不知所措，突然又想起什么，急忙走进厨房忙碌起来。我听到外婆一边做饭一边碎碎念，也看见她有时停一会儿，偷偷抹着眼泪。

是呀，"女儿是妈心中的燕，永远飞不远"，这是外婆坚定不移的信仰。

（2021 届高三 12 班　雷倩）

我们的石鼓山

"晋水流长，石鼓山香。莘莘学子，桃李芬芳。诚严勤毅育英才。志求索铸辉煌。路漫漫其修远兮，吾将上下而求索。诲人不倦学不厌。学而不厌，诲人不倦。师道学风谱新篇。奔腾不息勇开创。长风破浪挂风帆。长风破浪会有时，直挂云帆济沧海。"这首脍炙人口的歌谣，是我们石鼓山上"大一中"——晋江一中专属的校歌。

自从 2018 年秋考入晋江一中，我一直经历着、感受着它的不一样、它的不一般。

冬至吃汤圆是本地习俗。每年这一天，学校都会组织一次晚自习时间吃汤圆的活动。汤圆汤圆，意味着甜蜜、圆满，它饱含了学校对学子们的祝福和期望。汤圆汤圆，也意味着温故知新，意味着开始新一轮的努力和前行。

一年一度的活动还有每年 10 月 20 日前后的社团节、校运会双节合一的盛典。"一中好声音""路人王""三分王""篝火晚会""社团之夜"，以及紧张刺激的田赛、径赛，着实让我们好好放松了一把。

在这三四天的时间里，不仅可以看到一中学子的才艺表演、绿茵场上的挥汗如雨，还可以看到同学之间的互帮互助，以及放松之余仍在教室努力为质检、高考奋斗的高三同学。

你见过凌晨四点的石鼓山吗？一中学子见过。凌晨四点，勤奋的一中学子已然起床，早读，晨练，静修……他们夜以继日、年复一年，为了使自己更智慧、更强大、更健壮。或许，你听过他们的另一个名称：黎明战神。

"最先和最后的胜利是战胜自己。"陈校长常常引用的这句话，大概就是对"黎明战神"的最好解读。

（2021 届高三 5 班　杨晓阳）

第四辑

立德树人视野下的抗疫课程

几年来，新冠肺炎疫情时起时伏、此起彼伏，线下教学几度"静默"。尤其是 2022 年春，晋江一中所在的泉州市集中暴发疫情，全域转入"停课不停学"模式。

"防控绷住劲，教学精准劲。"晋江一中严格遵循立德树人的目标与任务要求，严格按照上级疫情防控工作规定，结合校情、师情、生情，制定相应的"防控细案"，想尽办法，讲求方法，融入文化故事的理念，精选优质资源，精心编制课程，努力将疫情对办学、教学的影响降到最低，稳住学生的学习质量这个基本盘，既保障师生的身心健康，又保证线下线上教学的有序衔接。

居家创美

课程方案

疫情期间，创造美好的家庭生活 （2020 年 2 月 16 日）

家庭是社会的细胞，是以情感为纽带、亲属之间所构成的社会生活单位，是家人共建、共享的精神园地。家庭生活充满常识，也可以通过创造性活动变得更美好——美是创造出来的。

非常时期，居家生活、学习成为新常态。为引导同学们融通所学、学以致用，围绕家庭生活进行深度阅读、思考、表达，培养独立思考意识、自主学习习惯和创新创造精神，学校决定开展主题为"疫情期间，创造美好的家庭生活"的综合实践活动，促进家庭生活的科学化、审美化。

希望同学们先思考，再实践，后创作表达，记录成长印记。

一、主题

疫情期间，创造美好的家庭生活。

二、创作提示

可整合以下几方面或任选其中一方面进行创作，题目自拟。

1. 重整家庭物理空间

可以写家庭物品摆放、搭配是否有序、合理，是否有优化、美化的地方，是否需要增添花草、字画及其他饰品，有无冗余的东西，能否来一场"断舍离"；想想如何让家更有生气、更有艺术气息，让家庭生活变得更舒适、更有品位，自己房间的布置满意吗、有主题吗（如古典或现代、人文或科学、绘画或音乐、侦探或体育等），如何更突出主题或自己的个性爱好……

2. 丰富家庭生活空间

对于家庭生活空间，可以创新其样式，探寻其内涵。比如，为家人炒一个菜、煲一个汤，畅谈选什么食材、食材有什么季节性和营养价值、烹饪的过程与学问、调味的门道、家人品尝后的感受、饭桌上的交流，等等；可以和家人一起玩智力游戏、做运动；还可以梳理家人之间的关系，平淡也好，有代沟也罢，静心思考我怎么做才能让家庭关系更和睦、感情更和谐。

3. 营造家庭审美空间

比如，可以播放适宜的音乐，迎接下班回家的长辈，并写写为什么选这首歌、这段音乐，自己等待家长的心情，家长听到音乐后的反应，等等；可以折纸表示心意、为亲人素描、唱一首歌、诵一首诗、弹奏一曲、角色扮演来个家庭剧场（甚至家庭角色互换）……

4. 经营家庭学习空间

可以写学习和成长目标的设定、功课表的张贴、作息的调整、上网课的体验、老师的批语、同学的互动等个人管理细节；还可以写与家长商定阅读任务的过程、家庭纸质阅读与电子阅读的矛盾冲突及讨论化解、和谐学习氛围的营造……

重要的是，要去想：自己长这么大了，能为家庭的幸福与诗意去创造性地做一些什么事；对于家里的事情，以前的智者是怎么做的，积淀了什么文化并流传至今。要去做，失败了、弄巧成拙了、出糗了、闹笑话了也没关系，敢于不断尝试、探索，这本身就是成长，值得记录。

最核心的，是要带着爱和思考去做这些事，要将心注入。这样的话，科学教育、情感教育、生活教育、道德教育、审美教育、生命教育，都蕴含其中了。

三、成果提交

（1）图文并茂。将文字与图片一同录入 word 文档，初中生不少于 600 字，高中生不少于 800 字，图片均不少于 5 张。返学前一天，由班长收齐后，交班主任与语文老师各一份。

（2）word 格式规范：稿件命名"班级 + 姓名"；标题为小三仿宋，标题下"班级 + 姓名"为小四楷体；正文为小四宋体；行间距，1.25 倍。

四、成果展示与评选

（1）班级成果展示：通过主题班会等途径，全班分享。
（2）评选"家庭生活小博士"。
（3）成果汇编成册，颁发荣誉证书。
（4）成果存入学生个人成长文档和学校文库。

成果例举

1 书山有路，食海无涯

在这个"大门不出二门不迈"的特殊时期，我徜徉在书山书海里，上九天揽月，下五洋捉鳖，以勤为径，发奋读书；同时，在家人的指导下，烹饪技术突飞猛进，各种菜都做得色香味俱全。

这一天，我跟随妈妈学做川系名菜——水煮牛肉。水煮牛肉滑嫩适口，香味浓烈，具有麻、辣的风味。我早早来到厨房，从冰箱里拿出已解冻的牛里脊肉，按妈妈教的刀法，切成薄片，盛在碗里，再用精盐、水豆粉拌匀，酱油、料酒码味。青蒜、白菜、芹菜洗干净，分别切成段和块。

开火后，锅内油热，把干辣椒、豆瓣炸至棕红色，捞出剁细。妈妈告诉我："这些配料不要炸煳，出色出香就可以了。"随后，我在锅内加汤稍煮，据妈妈说，加汤要适量，过多，味道就淡了，过少，汤汁粘稠。

高汤煮好，我捞去豆瓣渣，放入青蒜、白菜、芹菜，加上酱油、味精、料酒、盐、姜片、蒜片，烧透入味，捞出装盘。再下花椒、葱段、莴笋片，炒香，肉片倒入微开的原汤汁中。妈妈微微调了火，说："汤要微开，这是煮牛肉最好的火候，最终要将肉片煮至舒展，微微发亮。"

待到煮开，一股肉香味散发开来，沁人心脾，我迫不及待地用筷子轻轻拨散了牛肉片，然后将肉倒入已经配好调料的大锅中，再撒上干辣椒末、花椒末，随即淋沸油，一阵"噼里啪啦"的油汤碰溅声，如此悦耳。

主食上桌了，我又在妈妈的指导下，做成了一锅蛋炒饭，下豆腐再煮一锅清汤，一顿大餐跃然桌上，家人们都赞不绝口。虽然其中有妈妈的教导，但我还是有小小的得意。

石鼓山花飘万里，家校何曾是两乡！虽然在家里同样可以攀登书山，还可以畅游食海，但这一个多月的经历太过特殊，我希望疫情尽快退去，还我们往日的校园生活。

身居小楼平静思，春来绿叶发新枝。
暖阳高照摧寒玉，拙笔成文下战诗。
将士狂澜征战日，瘟神肆虐倒辰时。
待到风清花烂漫，骏马加鞭又远驰。

（2018级初二7班　鲍逸尘　指导老师：鲍国富）

2 | 非常时期的我

一场突如其来的疫情，打破了正常的生活，我们不得不长时间"宅家"。不过，这段时期的生活除了学习，也多了些许的"味道"。

"咕咕，咕咕咕……""叽叽，唧唧……"清晨，我被窗外的鸟鸣声吵醒，再也睡不着。拉开窗帘，暖洋洋的阳光照在飘窗上，我呢？懒洋洋地靠在窗边，听着鸟鸣声，看着楼下挪动的小人，若有所思。

这么暖和的太阳，这么舒适的环境，这么欢快的鸟鸣，这么宝贵的时间，窝在被窝里睡觉岂不可惜？早起的鸟儿有虫吃。于是，我便把自己的想法告诉爸爸，邀爸爸每天早上和我一起跑步。

从那天起，我每天6点起床，和爸爸到小区里跑步。也许是因为太久没活动了，刚开始跑的一两天绕着小区跑个一圈就累得不行。第一天还因为起得早，早上第一节课几乎要睡去。突然有点儿想打退堂鼓，但还是每天都和爸爸去跑步。渐渐地，生物钟调过来了，我也感觉越跑越轻松。

上了一两周的网课，我发现自己的脾气暴躁了许多。长时间对着电脑上课，我的视力似乎也受到影响。晚自习是怎么都静不下心来。突然想起政治课上老师说过的，学了政治就是要拿来运用的，不是单单背课本。这时，初中背过的文章《如何合理调节情绪？》又一次浮现在脑海，"合理宣泄、放松训练、转移注意，画张画、听听歌、打打球……"说到打球，好像听同学说过，打乒乓球可以预防近视，还可以缓解压力，这不是一举两得吗！没桌子我可以对着墙打。一开始我总是接不到球，试了几次也就熟练了。

学校合唱团也布置了任务：学唱《武汉伢》，再录段视频。虽然只有短短的三分多钟，但花了不少精力。先是因为歌词记不清，后是因为没穿校服，就这样一遍遍地录。但不得不说，其中有许多乐趣。

一个周末，我还出去放松了一下——那唯一的一次和家人到海边"放风"，是这个假期最奢侈、最难忘的经历了。

虽然被"禁足"，但我们也得以放慢脚步，有时间审视自己，让我们在学习中多了些生活的"味道"。

我希望，这些特别的"味道"，可以陪着自己重新开始校园生活——我相信，它很快就会到来。

（2019级高一12班　曾恺茵　指导老师：颜美蓉）

天佑中华

课程方案	
疫情未退……	（2020 年 2 月 20 日）

　　非常时期，非常生活，非常体会。新一代学子，理当自律自强，勇于担当，激荡天下情怀，思考社会人心，砥砺嘉品懿德，培养良习良能。

　　为涵养身心、启发思维，学校集语文组教师之众智，确定以"疫情未退……"为居家自学思考之母课题，并推荐 16 个子题，供广大同学作为思考之源起、作文之方向。

母　题

　　疫情未退……

子　题

　　（1）我从历史中走来，天耀中华。

　　（2）达摩克利斯之剑上空，星河璀璨。

（3）武汉，我的心天涯咫尺。

（4）老师，在你的目光之外，给你惊喜。

（5）我是防守线上的一名战士。

（6）学校大榕树，你听我说。

（7）非常时期，非常的我。

（8）延迟开学，不延迟我的成长。

（9）我想当研究病毒的专家。

（10）心怀忧戚，自律自强。

（11）爸爸妈妈，我来当几天家。

（12）线上线下，终端是一个大写的我。

（13）补上"会生活"这一课。

（14）寄语：重返学校日，陌生的热烈拥抱。

（15）痛苦着，思考着并快乐着。

（16）什么是最美的隔离、最科学的消毒。

要　求

（1）任选一个子题，写一篇作文，初中生不少于600字，高中生不少于800字；鼓励多选、多写。

（2）2月23日（周日）各班交语文学科班长，语文学科班长收齐后交语文老师。

（3）word格式规范：稿件命名"班级＋姓名"；标题为小三仿宋，标题下"班级＋姓名"为小四楷体；正文为小四宋体；行间距1.25倍。

附：写作思路例举

补上"会生活"这一课

一、我明白了生命权的意义

1.为什么从"疑似"到"确诊"，一个也不能放弃？

2.为什么"生活"是生命成长的全部意义？

二、我拥有了生活权的创造能力

1.自制课程表，线上、线下学习自我管理。

2.自学独处获得自我价值肯定。

3.让家庭整洁、卫生、敞亮、舒适。

4.让家有书香、心香。

5.让家有艺术元素、赏心悦目。

6.入厨房，烹调色、香、味。

7.入书房，研学：（1）疫情消毒的化学、物理原理；（2）细菌、过滤性病毒与地理环境生态；（3）统计疫情报告，制作曲线图……

什么是最美的隔离、最科学的消毒

一可从现象切入进行思考。想一想社会上出现了哪些错误的隔离与消毒现象。激浊扬清，我们才能知道什么是科学的隔离、科学的消毒。有的人无视疫情之下自己和他人的安全，公共场合不戴口罩；有的人则把自己包成"太空人"。也就是说，可以聚焦防疫的"度"的问题。

二可根据条件去评说。隔离与消毒，不同的地方有不同的经济条件、物质条件、生活空间的条件，自然要采取不同的措施。有标准底线，也要具体问题具体分析，完全的一刀切，不是最美的隔离、最科学的消毒。同学们可以去考察或探询自己所在村落、社区、小区、家庭等的条件，加入自己的思考与分析去判断。

三可落实到特殊性上。与社区隔离、与学校隔离、与其他家庭隔离，不隔离的是家庭的内部；但家人之间也要注意一些细节，比如公筷分餐、不用公杯喝水等。平常未曾在意，现在特殊时期，需要特殊处理，有的则要回归常识。还可以联系网络的不隔离、亲情的不隔离、友情的不隔离、师生交流的不隔离、同学分享的不隔离……

1 | 最美的隔离——给战疫妈妈的信

最最最亲爱的妈妈：

妈妈，您最近怎么样了呢？看着您传来的在隔离病房的照片，您把自己裹成一个雪球似的，应该很热、很累吧。您承受的不仅仅是厚重的防护服，还有厚重的使命呢。

看到照片的那一刻，我不再像前几日在视频通话里失声痛哭，反复说着想见您，相反，我慢慢接受了这一切，把如今一家三口各居一所当作是命运的安排。我只是身处天地间的一隅，而您在我看不见的高处默默守护着我，守护着这片土地。

那天，您接到一个神秘的电话，我听到您说："……好，明天一定到……嗯呢，好。"

"妈，怎么了？"

您转向我，挤出一丝笑容，说："宝贝，妈妈可能要离开你一段时间了……我……"

"一线吗？"我慌张地打断您的话。

"是的。宝贝，这是命令。这段时间我会安排你去爷爷奶奶家，好吗？"那一刻，我的泪水直想往外涌，前几日三个人一起吃火锅、运动的场面浮现在眼前，您的羽毛球打到我的脸上后那一串爽朗的笑声也萦绕在耳边……过去在一起的每一个细节，都在无限放大。

我用力地眨眼，抑制住哭声，不想让您看见、让您担心。妈妈，您能别走吗？……每天晚上能吃到您做的饭，能吃到您切的水果，您知道这对我来说是多么幸福的一件事吗？想到您去一线后可能会吃不饱睡不好，还要担惊受怕，我的泪水又止不住地想要流出来……

那一晚睡前，您语重心长地告诉我："这是使命，是每个医护人员的使命，我不去，其他人就要去，很多事情都是注定的，你要相信我，相信国家，好吗？"这是您第一次这么认真地对我说话，您的眼神是那样坚定。

忆往昔，没少与您、与爸爸拌嘴，大吵小闹过后，您和爸爸还是无条件地爱我，自始至终，从不改变。

我不是一个会表达爱意的人，有些事情，有些感动，都悄悄藏在心里，你们看见的是这样一个什么都不懂的小孩子。

妈妈，就连这次奔赴一线，您都顾不上自己，常常关心我的三餐是否规律。当我放假在家，您总是大老远赶回家为我做一顿饭然后又匆匆忙忙赶回单位，也不让我自己买菜做饭。如果是现在，您做饭时我一定给您打下手，我身上的坏毛病一定一点一点慢慢地改正。等您回到家，您将看到一个懂事、能干、已经不再是小孩子的我。

这几天里，我渐渐明白，上周我哭着喊着不想离开家离开您，只不过是不想在爷爷奶奶家里与您隔离，还想要依赖您，那些对着手机屏幕喊着要回家的时候还只是自私自利地想着自己。

那时，我无法体会到您要大家小家两头顾的矛盾与无助。回家的日期，在我眼里，仿佛就在明天；而在您眼里，是个未知数。您比我更思念家人，比我更孤单。

后来，我渐渐地懂了这一切，您也开始接受这个每天多一分危机的现实。现在的我，每天按照学校的网课安排认真学习，课余时间除了做作业，也会自主安排复习内容。妈妈，之前您还担心我会打卡迟到，作业忘交。此时此刻，我想告诉您，妈妈，从您进入隔离病房的那一天起，我打卡从没有迟到，作业从来都准时上交，老师还表扬了我……妈妈，您奋战在抗疫第一线，我奋战在中考的冲刺之路上，我们都在朝前奔跑，但我们心里都清楚：离那个回家的日期更近、更近了。

我想，您把我送到爷爷奶奶家，是这个世界上最美的隔离。我想，等您回家，我会学着您的样子给您和爸爸做一碗面线，然后给您送去一个大大的拥抱。

愿我们共同努力、共同进步，未来可期！妈妈，加油！晓晴也会加油！

您的女儿

2020 年 2 月 20 日

（2020 届初三 17 班　曾晓晴）

附：

2020 年 3 月 3 日，晋江一中微信公众号推送了曾晓晴同学《最美的隔离——给战役妈妈的信》一文。那段时间，湖北宜昌的《三峡晚报》和晋江本地的《晋江经济报》联合开展小记者"云上传书、携手未来"的活动。3月 13 日，宜昌市西陵区外国语小学的程麒润同学看到了这篇推文，感同身受，寄来《拥抱最美的阳光——写给晋江一中曾晓晴姐姐的一封信》一文，表达对美好春天的共同期许。两位相隔千里的学子尺素传情，不正是两地共克时艰、携手战疫的情谊之缩影吗？

拥抱最美的阳光

——写给晋江一中曾晓晴姐姐的一封信

曾晓晴姐姐：

你好！

我是湖北省宜昌市西陵区外国语小学北区 1502 班的程麒润。当你收到这封信的时候，你一定会感到很诧异。虽然你不认识我，但是我已经认识了你。

新春佳节，本该是家家户户团聚的日子，但是新型冠状病毒突如其来，平静的生活被全部打乱了。为了抗击疫情，福建医护人员毫不畏惧，挺身而出，千里迢迢驰援宜昌。

今天，一次偶然的机会，我在网络上看到了姐姐你写给妈妈的一封信——《最美的隔离》。姐姐你真勇敢，你就是我学习的好榜样！在那封信里我看到疫情来临后，姐姐面对妈妈因为护理工作必须和家人隔离所表现出来的自强，面对网络学习刻苦用功坚持努力表现出来的自律，面对疫情肆虐表现出来的战胜疫情的自信，都给我留下了深深的印象。

姐姐你知道吗，目前我和你有着相同的经历，我的妈妈也是一名护士，为了抗击疫情，她身处一线岗位，已经一个多月没有回家了，我现在也非常想念我的妈妈。有一次，我用手机给妈妈打视频电话，看见妈妈身穿防护服，头戴护目镜，就像科幻片里的未来战士一样！姐姐你不用担心，此刻，我们的妈妈都变身为保卫地球的超级战士，她们正在进行一场地球保卫战，保护我们家园的安全。

姐姐，我告诉你一个好消息，目前在福建医护人员和宜昌医护人员的共同努力下，我们宜昌的新增病例已经连续好多天为零了，治愈出院的病人越来越多。我深刻地体会到一方有难、八方支援的力量。全国有无数个像我们的妈妈一样的医护人员坚守着，战斗着，疫情一定会被打败！

等到疫情结束后，我非常希望姐姐你能带着你的同学们来宜昌游玩。

宜昌是一座历史悠久的城市，是著名爱国诗人屈原、民族团结的使者王昭君的故乡。三游洞、镇江阁、天然塔、玉泉寺这些久经沧桑的历史古迹遍布宜昌，《三国演义》中赵子龙大战长坂坡的故事就发生在宜昌。

宜昌也是一座如诗如画的城市，远安董家村的千亩油菜花一片金黄，美不胜收；五峰柴埠溪国家森林公园花鸟成群，古树参天；夷陵区马卧泥村的银杏叶漫天飞舞，如梦如幻；长阳天柱山的雪景冰封天地，晶莹剔透。

宜昌更是一座美食之城，萝卜饺子、炕土豆、红油小面、冰凉虾……地道的宜昌特色美食，回味无穷，绝对让你的舌尖体验到不一样的味道。春天是大地苏醒的季节，春天是生命萌发的季节。相信这个春天，我们的妈妈一定会凯旋，到时我们将走出户外，拥抱最美的阳光！

一起努力，一起加油！

祝

身体健康，学习进步！

宜昌市西陵区外国语小学北区 1502 班　程麒润

2020 年 3 月 10 日

2 延迟开学，不延迟我的成长

2020 年的钟声敲响了，新的一年到来了，但这一年的开端有些许苦楚。新冠病毒的出现，打破了这一切。这种病毒传染性极强，不到一个月就已经蔓延至全国，开学被迫延迟。

作为一名高中生，我深深地知道高中三年每分每秒都很宝贵，延迟开学也是无奈之举，是为了生命安全着想。为了帮助学生迎战高考，为了学生不落下功课，学校特意开设了网上直播课，让我们在家也能学习。

相比于线下学习，网课的学习更需要懂得自主、自律。就我个人的体会而言，因为在家学习有更多的自习时间，自习收获非常大——自习所得的知识是你自己主动挖掘出的，而不是被动接受的。

这段时间，虽不能外出欣赏山川秀色，却同样能遨游在知识的海洋，更好地提高个人素质，也算有失必有得。我不仅在学习上有所斩获，在生活上也收获颇丰。我尝试做一些力所能及的家务，丰富生活经验。我也常常与家人促膝长谈，这让我更深切地体会到父母的良苦用心与辛劳不易，父母也更加理解和尊重我的选择。亲情，是如此可贵；健康，是如此难得。

我也看见了全国人民团结一心，共同抗疫；看见了逆行者的无私奉献，守护平安。所有这一切，都将成为我的精神财富——延迟开学，但我的成长不延迟！

（2018 级高二 3 班　王子豪）

（此文写于湖北省荆州市监利县容城镇，时 2020 年 3 月 14 日）

白云祭

课程方案		
清明云上祭	（2020 年 3 月 30 日）

四月时，洗清明。雨润万物，云寄哀思，文以告慰。

又是一载万物洁齐清明时，芳草青青，悠悠我心。抗疫之际，暂停线下祭扫，但思不断、念绵绵。祭奠先人、缅怀先贤、纪念先烈，慎终追远，在于心诚；望同学怀古而常新，不唯追思先人，亦思及自身人生之道路、生命之价值。

一、网络祭扫

1. 祭先祖

微信搜索进入"晋江新闻网"公众号，点击"网上祭扫"栏目，根据提示祭扫先祖。

2.祭英烈

微信搜索进入"晋江市退役军人事务局"公众号，点击"纪念碑"进入祭扫平台，点击"祭拜"栏目，选择祭拜对象进行祭扫、留言（署名：学校＋年级＋班级＋姓名）。

二、思考写作

母　题

清明云上祭

子　题

（1）青山无语声声切，白云遥祭悠悠心。

（2）肃穆祭心香，远山入目青。

（3）一年一度清明祭，情怀春江共潮生。

（4）生生不息，志在远方；回眸前瞻，不忘初心。

要　求

（1）任选一个子题，写一篇作文，初中生不少于600字，高中生不少于800字；鼓励多选、多写，文体不限，题目自拟。

（2）4月6日（周一）各班交语文课代表，课代表收齐后交语文老师。

（3）word格式规范：稿件命名"班级＋姓名"；标题为小三宋体加粗，标题下"班级＋姓名"为小四楷体；正文为小四宋体；行间距1.25倍。

三、相关评价

一等奖作文，请附加评语，格式为"点评：评语＋（×××老师）"（楷体）。所有文章放入同一个word文档；分好等第，优秀文章在前；以班级命名文档。评判好的文档，备课组长收齐，于4月30日发送至bgsjjyz@

163.com。

优秀作品将汇编成册。

成果例举

1 | 那开满山头的刺桐花

清明时节，落雨纷纷，行人断魂。连绵的清明雨像是上天写给人间的信，字字句句，抒写着感恩与珍重、逝去与铭记、过去与未来。

记得去年清明扫墓，我看到四叔公手执毛笔，端着一盒红色颜料在描一块灰色石碑上的名字，一笔一画慢慢落下，那毛笔似乎压着一份沉甸甸的情感。我和姐姐凑上前，询问那是谁，四叔公便给我们讲述了那个久远的故事。原来这位先祖与我们并没有血缘关系，她是太公的继母，把年幼丧母的太公抚养成人。养育之恩不能忘，年年祭扫，表达后人的追思与感恩，她的大爱也将在我们的叩拜中代代相传。

知恩感恩的家训，早就在我们的心里播下小小的种子，而一年又一年的祭扫叩拜，化作纯洁无瑕的水，让这小小的种子在心田里长成一片馥郁芬芳。我们看着四叔公燃起四炷香，向这位"祖母"拜了四拜。缕缕青烟缠绕着墓碑，碑上的名字变得隐约，家族的故事默默传承。

"燕子来时新社，梨花落后清明。"今年的无边春色，复杂地弥散着萋萋暗色，那是被新冠肺炎疫情笼罩的无数普通人的生活。脑中闪过无数个熟悉而又陌生的名字，就觉得那些白色翻飞的衣角在天上还是那样好看，他们一定变成了最美的云霞，温暖人间，而我们，在他们的庇佑下，学习、生活。

那些在一线与死神争夺生命的医护工作者，让人看到了太多熠熠生光的英雄时刻。他们并不是天生的英雄，只是一群挺身而出的普通人。

是什么让他们敢于直面死神？是爱。他们珍爱生命，不仅仅是珍爱自己的，更是千万人的。他们热爱生活，帮助病患回归正常的生活，甚至更好地生活。他们热爱祖国，召必回，战必胜，一封封盖满红手印的请战书，是他们写给这片土地的最深情的"情书"。

马尔克斯说："死亡是一面镜子，反射出生命在它面前做的各种徒劳的姿态。"我们挣扎着，抗拒着，却从没有想过勇敢直面。人生本就像一辆开往坟墓的列车，中途有许多站，我们难免与最爱的人告别。当你爱的人即将下车，纵然不舍，也需挥手道别，然后带着爱和感恩继续前行。如果我们总觉得死亡就是终点，又怎么会知道，死亡也可以是另一种开始？

斯人已逝，也给我们上了一堂关于死亡的课。总有那么些人，皮囊虽殒，灵魂犹存，且生生不息——他们是英雄。真正的死亡，是永不再留存于世间——别人对你的最后一丝牵挂和记忆终归于被时间湮灭。死亡不仅仅是生的反面，更是生的补充。

这个清明，让我在时间的轮回中追思，在历史的长河里回溯，思考死亡，也思考生命。生命的意义不仅是在危难之中的挺身而出的勇气，更是在每一个平凡的日子里知足且坚定、温柔且上进的生活态度，常怀一颗感恩之心，做一个包容又开阔的人，珍惜所拥有的生活。每个人都可以活成一束光，照亮自己，照亮他人，我们的时代一定会升起闪耀的太阳。

那开满山头的刺桐花，不知今朝雨落后是否依旧鲜活如火？

（2020届初三14班 吴雨霏）

成果例举

2 | 我心清明

题记：所有的英雄，都是平凡的人。千回百转，千锤百炼，矢志不改，如此而已。

2020 年 4 月 4 日，天气阴冷，雨点缓缓落下，野花慢慢绽放，清风阵阵拂过。年年清明前后，人们的心情都是沉重的，而今年的沉重感更多了几分，几分在内心柔软处留下的隐隐的痛。

从春节到清明，全国的抗疫一刻都没有停歇。如今，每天早上醒来就翻查最新的疫情消息已经成了习惯，两个多月的心情随着疫情的发展趋势跌宕起伏。闲暇时，时常想起前线的白衣天使们，同时也提醒自己要保护好自己。

或许，我们能体会到的是频繁刷屏的疫情信息所带来的焦虑。而风暴之眼里的人们，在迷雾还笼罩着真相、在疫情还没大面积扩散的时候，阴雨就已经滴落在了肩上。我抬头望了望阴沉的灰白色的天空，仿佛看见了拥挤的三甲医院里，患者、取药的人、医生、护士也许就这样擦肩……种种场景随着想象不断浮现在眼前。

把手伸到窗外，感受细雨滴在指间的灵动，感受清风环绕手掌的温柔。脑海里，出现的是那些温暖的片段。新年前夕口罩工厂复工加班，流水线传递的是质朴的关怀；除夕夜半火神山医院工地里特殊的年夜饭，是无数工人在万家灯火里坚守着战场；全国各地的募捐浩浩荡荡，每一份物资都萦绕着执著的信仰。四海八荒的人们抛却新春的团圆与欢庆，撇去焦虑和慌张，奉己之力共筑长城万里，只愿再现中华河清海晏，国泰民安。

青年之担当，是正义，是为世界不平之愤慨。我们不沉默，不苟且，要在逆境中为英雄呐喊，要让我们的英雄感到值得。疫情中没有天使，没有所谓的超级英雄，是一个个普通人尽其所能地为民请命，便成了我们的英雄。

清明时节，传统依旧。多少平凡人家，此时齐聚一堂，打开盒子，青团清幽的淡淡香气，沁人心脾。战士们，谢谢你们，今年的青团格外清香、格外美味，你们也要记得和家人一起尝一尝啊！

窗外，细雨依旧，清风如常，润泽万物，我心清明。

（2020 级高一 11 班　王银濠）

劳动工具

课程方案		
我与工具		（2020 年 4 月 30 日）

  劳动教育是学生全面而有个性发展的重要支撑。根据《中共中央国务院关于全面加强新时代大中小学劳动教育的意见》精神和学生综合素质评价的要求，为构建全面培养德智体美劳各项能力的课程体系，引导同学们融通所学知识，围绕家庭生活的劳动，进行深度理解、思考、实践、体验，弘扬劳动精神，崇尚劳动、尊重劳动，懂得劳动最光荣、劳动最崇高、劳动最伟大、劳动最美丽的道理，促进同学们劳动实践的知识化、亲情化、技能化、体验化，决定开展"我与工具"主题劳动教育实践活动。

一、活动项目

  "我与工具"居家劳动实践活动。

二、核心概念与劳动内容

1. 核心概念

（1）什么是工具。工具原指劳动、工作时需用的器具，后引申为达到、完成或促进某一事物的手段。工具是人在生产过程中用来加工、制造产品的器具。马克思说，"人和动物最大的区别是制造和使用工具"；毛泽东说，"生产力有两项，一项是人，一项是工具。工具是人创造的"。选择合适的工具会使劳动或创新活动的效率更高，甚至会达到倍增的效果。

（2）什么是劳动。劳动是主体、客体和意义的内涵集成体。一般的人类劳动由脑力劳动、体力劳动与生理力劳动按照不同的比例关系组合而成，这在表述上不等于三者的分隔，恰恰是三者在实践上的统一。

（3）我与工具。基于我们学校"学科哲学"框架下的问题解决方法，立足为什么、是什么、怎么样进行思维，对应体现事物本质的概念观、方法论、价值论，以及劳动为什么（思想的重视）、劳动是什么（项目的选择）、劳动怎么样（劳动的完成）；于是，选择劳动的内容，思考劳动怎么样的时候，就会联系到劳动工具，工具是我们达到、完成或促进劳动的手段。

2. 劳动内容与工具使用

（1）劳动内容。在居家学习的非常时期，劳动实践成为一种特别的学习活动和生活方式，劳动内容包括科技创新类、手工工艺类、艺术创作类、营养烹饪类、种植养殖类、清洁整理类、家居维修类、实验探索类等八个领域。

可以独立完成，也可以和家人一起完成；客厅、卧室、厨房、卫生间、书房都是课堂；疫情、经历、生活、学习都是课程；努力提升劳动技能，丰富居家学习生活；重在培养合作共享的态度和助人为乐、服务他人、服务社会的公益精神。

（2）工具使用。劳动内容的选择对应着劳动工具的选择。要认真阅读、了解工具的使用方法和相应的说明书，如用于科技制作的小工具，刻刀、剪刀、锤子、尖嘴钳、锉刀（砂纸）、锯子、扳手、螺丝刀等；每种工具都有各自的功能，劳动过程中注意安全操作。

三、成果展示与评选

（1）写一篇以"我与工具"为主题的文章，初中生不少于 600 字，高中生不少于 800 字，题目自拟。

（2）在作文纸上写完后，录成电子档，5 月 5 日前以"班级＋姓名"的命名方式发送至学校德育处邮箱（高中部发送至 jjyzdyc@126.com，初中部发送至 jjyzqzczb@163.com）。纸质材料周日晚上返校后统一交给年段长。

（3）word 格式规范：稿件命名"班级＋姓名"；标题为小三仿宋，标题下"班级＋姓名"为楷体小四；正文为小四宋体；行间距 1.25 倍。

（4）成果汇编成册，颁发荣誉证书与样书。

（5）成果存入成长记录袋（初中）、记入综合素质评价（初中、高中）。

成果例举

1 我当小茶农

中国是茶的故乡，从制茶到饮茶，都有着悠久的历史，形成了一种别样的文化。我的家乡福建，是著名的产茶区，我便有了成为一个小茶农的机会。

我先从工具室里取了一个籝，有的地方也叫它篮子或筥，这是一个用竹子编织的容器，采茶时背着它，用来装采下的茶叶。竹制的篮子，清洁干净，透气性好，既能防止细菌的滋生，又能除异味。

到茶园后，眼前是满山的青色，绿油油的茶叶冒出尖尖芽儿，在雾蒙蒙的天气里，整个茶园就好像一块巨大的翡翠，闪闪发光。身旁的一个茶农望着漫山的茶叶说道："好久没见这样一片绿色的茶园了。"

采茶的方式有很多种，手摘法是最古老、最常见的一种，虽然现在有各种各样的机器可以快速采摘，比如茶刀或采茶机，但这两种方法采出的茶叶质量都相对较差，感觉少了一点儿细致，缺了一点儿韵味。

那天我学的采茶方法，正是手摘法中的"虎口对芯"，这是一代代茶农经过长期实践总结而来的方法。我接戴上一副采茶专用的手套，学着分开拇指与食指，从茶梢顶端中心插下，稍加扭折后，再用力一提，将芽梢采下，放进篾里。

一旁的茶农提醒我说："手别紧捏着茶叶，要轻轻放到篾里，篾里的茶叶不能放得太紧，不然容易破掉，而且温度会上升，茶叶会'死'掉的，这样茶就不好喝了。"我听后，心中十分惊讶，原来放个茶叶也这么讲究。

"采茶要留叶采，不能一把抓光芽叶，适当留些新芽，茶叶不宜过老，也不宜过嫩，最好的呢，就是茶尖上带两三片叶子，比如这样的……"茶农又讲了许多采茶的小技巧，手把手地教我怎么挑到最优质的茶叶。

采好茶叶，接下来就是晒青和晾青了。这古朴的工艺让茶叶多了一份太阳味。接下来的摇青和杀青，让茶叶脱胎换骨。最后的揉捻和包捻，是最费劲的工序，也是一个十分考验经验的工序，讲究力道适中，恰到好处。

一天的茶园劳动，让我这个城里人真真正正来到原生态的地方，感受到了茶农们的质朴、热情和认真。他们一丝不苟的工作态度，轻松愉快的劳动氛围，无比纯熟的采茶手法，还有从骨子里流露出的对茶叶的热爱、对劳动的享受，都让我羡慕和感动。

在科技愈来愈发达的今天，人们完全可以用机械来提高产量，降低工作强度，但这些茶农仍坚持用最辛苦最传统的方法采茶，为的是给茶客们带去原生态的味道，传承最真最美的茶文化。工具在不断改变，不变的是劳动者们赤诚的心。

突然间，那边传来了清亮的歌声。山谷里的山歌，是山的呼唤，也是劳动的快乐。

（2017 级高一 14 班　傅煜翔　指导老师：钟祥彬）

成果例举

2 | 文火慢炖一辈子

油烟机呼呼作响，我的额头覆着一层细汗，这边蛋液还没打好，那边油锅已经滋滋叫唤了。

是的，我正在挑战新菜式——蛋包饭。一旁，母亲用微笑和鼓励的眼神驳回了我求助的目光，我只好一鼓作气搅拌几下金黄的蛋液，然后倒进了平底锅。我笨拙地转动着锅铲，把预备好的饭一点点放进去，好不容易堆好，赶忙把半边蛋皮翻起去包住炒饭，映入眼帘的却是触目惊心又惊味蕾的一片黑——烧焦了。

于是，晚餐在苦涩的味道和不甘心的嚷嚷中度过。

喊着"明天一定会成功"的我，第二天搬出了更容易控制火候的电磁炉，却闹出忘了往蛋液里放盐的乌龙。

第三天，我依旧站到了灶台前。四颗鸡蛋，一小勺盐，在筷子与瓷碗清脆的撞击声停下后流进母亲用得最趁手的不粘锅。蛋液半熟，有了前两次的经验，锅铲在我手中总算灵活了点，很快就堆起了适量的炒饭。我抓着锅铲翻过了半边蛋皮，边缘处被最后一点未熟透的蛋液粘合起来，鸡蛋的香味布满厨房的每个犄角旮旯。金灿灿、黄澄澄的蛋包饭，加以番茄酱的点缀，我不知怎地有点儿舍不得开吃。下定决心终于尝了一口，热腾腾的饭在舌尖散开，是收获的味道。

这收获的味道从茹毛饮血的石器时代飘来，在人类舌尖萦绕了数千年。自干燥的木料摩擦中迸出第一粒火星以来，人类从动物依靠自然的生活方式走出来，选择了用双手创造工具、创造劳动、创造生活。山洞里映亮了双眼的篝火、被驯服的五谷六畜、农业文明的建立，农业机械化的发展，从陶碗、铜釜、木锄、泥灶、铁犁，到拖拉机、收割机、油烟机、电磁炉……仅仅是填饱肚子这方面，人类就在劳动中以创造力、生存欲与不断失败不断求索的精神为工具，不断发明新工具，又带着新工具投入新一轮劳动，以弱小、单薄、脆弱的躯体在险恶的自然界中生生不息。体验过厨房里持续了短短三天的失败与成功，我仿佛看到了人类漫漫征途中无数失败与失败后的收获的一个缩影。

由此观之，劳动不止让人类存活于此刻，劳动更是人类向前发展的方式。劳动中创造出的工具延伸了人类本来的能力所不能及之处，蕴含着人类不向困难与障碍认输的精神。这样的精神与前人的奠基把现在的我们带到了更大的高度——我们已经创造出被称为"大国重器"的工具：天眼、C919、北斗导航系统……这些工具也带着我们走向未来，为创造出更高端的工具，为不断超越人类自身而劳动打下了基础。

无数的尝试、无数的失败、无数的反思，造就最终的满载而归。陆游诗曰，"山重水复疑无路，柳暗花明又一村"，可以看作是对人类劳动、创造工具直到最终收获成果的过程的一种概述。

收获的烹调方式是什么？将对于新事物的好奇心、不服输的韧劲与对失败的反思放进生活的大锅里，文火慢炖一辈子即可。

（2018级高二3班　林钖　指导老师：张素婷）

学党史·访家史

课程方案		
	叩响历史的回声	（2021 年 4 月 2 日）

一、活动主题

叩响历史的回声。

二、活动意义

2021 年是中国共产党建党 100 周年，党中央号召开展党史学习教育，学史明理、学史增信、学史崇德、学史力行，激励全党、全国人民不忘初心、牢记使命，从党的百年伟大奋斗历程中汲取前进的智慧和力量。

实证主义者孔德说："要认识自己，就去认识历史吧。"

马克思说："人性是自己在历史发展过程中制造出来的。"

这些话语告诉我们：人是在历史教育中成长的，实现于自我的历史。因此"不忘初心、牢记使命"不仅指向历史观与人生观的紧密结合，也内蕴了当下性与历史性的相互呼应。

历史积淀于大众的记忆，藏身于人们所创造的文化。把父辈、祖辈的经历，集约成鲜活的家史，以一个家庭的发展变化，折射改革开放的伟大成就；以一个家庭的历史故事，作为自我教育的生动教材，并从中锻炼调查、取样、采访、记述、整理等能力。

三、活动要求

（1）活动建议：家庭访谈＋社会调查。

（2）访谈建议：以社会发展史、改革开放史为背景；以人物的个人史为主线，即少年—青年—中年—老年；以阅读史/搬迁史/奋斗史/生活改善史为副线；以最难忘/影响最大的人生历史转折点为重点。

（3）写作建议：从父辈、祖辈的生活、行为、语言及经历中思考历史的投影及影响；以小见大，从小物件和各种习以为常的细节处见父辈、祖辈的精神面貌变化；以记录口述为主，少作主观判断、评价，概括核心概念，确立核心主题。

四、活动时间

4月3日—11日。

五、成果提交

（1）图文并茂。家史图片2~3张，图片以事件命名（如：父亲办公）。

（2）word格式规范：初中生1000字左右，高中生1500字左右，稿件命名"班级＋姓名"；标题为小三仿宋，标题下"班级＋姓名"为小四楷体；

正文为小四宋体；行间距，1.25 倍。

（3）将文档与图片放在同一文件夹中，文件夹以"号数＋姓名"命名。4 月 11 日周日晚，由班长收齐后，交班主任。

六、成果展示与评选

（1）班级成果展示：主题班会上，每位同学上台以 PPT 分享"家史"。

（2）优秀成果汇编成册，发荣誉证书与样书。

（3）成果存入学生成长文档和学校文库。

（4）以班级为单位评若干个组织奖。

成果例举

1 璀璨的铀花

我的爷爷，一位地质科研人员，是一名军人，也是一名共产党员。他见证了新中国成立、成长的历程，他也为中国的核事业奉献了自己的力量。我没有见过爷爷，因为他已经过世多年。

1938 年 5 月，爷爷出生于一个贫寒的家庭。奶奶告诉我，为了维持家庭温饱，爷爷很小就辍学打零工补贴家用。出于对知识的渴望和追求，后来，爷爷克服了重重困难，回到了学校，中学就读于原晋江二中（现晋江一中），也是我现在就读的学校。奶奶说："你爷爷在世的时候经常骄傲地提到，他是 1958 年入的党，是当时一中第一批学生党员。"

后来，党和国家作出制造原子弹的决策，勤奋好学的爷爷以优异的成绩和表现被保送进抚州地质专科学校（本科）学习——抚州地质专科学校是东华理工大学的前身，中国核工业第一所高等学校，是 20 世纪 50 年代中叶，国家第二机械工业部为贯彻党中央作出的发展原子能事业的决策，为了培养寻找铀矿的技术人员而创办的。

大学毕业后，爷爷就到了中南209队（后部队整编为中国人民解放军基建工程兵部队）工作，成了为中国核工业铀矿事业默默奉献的一线科研队伍中的一员，把青春和热血留在了强国路上。

奶奶跟我说过："你爷爷当时的工作是保密的，外界根本没有人知道他们是干什么的，更不知道单位的性质是什么，包括家人都不知道……"爷爷他们当时的工作条件十分艰苦，而且危险。队员们每天拿着仪器在深山中穿行，以250平方米为单位进行网格化搜寻，不管是山坳还是山坡，不管是荆棘还是草地，每一寸土地都要仔细地"篦"一遍。碰上陡峭的山崖，无法落脚也要想办法爬上去，衣服被刮破，脚底磨起泡是小事。那时候的大山基本上是原生状态，植被丰富，碰上瞪着眼睛的老虎和其他猛兽是常有的事。他们工作时，旁边有全副武装的解放军战士护卫，战士不仅配备枪支，身上还挂着4颗手榴弹，随时防范敌特破坏和窃取信息。

由于长期在深山老林、矿井隧道这种潮湿恶劣的环境中工作，再加上经常性的风餐露宿，爷爷积劳成疾，患上了严重的胃病和风湿性心脏病。但作为一名党员，他意志坚定，无怨无悔，拖着被病痛折磨的身体，坚持为祖国的铀矿事业做着力所能及的工作。他写了一本又一本的笔记，做了一次又一次的研究，不断学习，不断前进，不断追求。

直到20世纪80年代初，爷爷从部队转业回到晋江工作。那时，改革开放的春风吹到了全国各地，回到家乡的他，充分发挥自己的专业特长，为祖国的伟大复兴，为家乡的乡镇矿产企业的发展，到处奔波，日日夜夜，无休无止。

但由于顽疾缠身，回乡工作没几年，他便早早地过世了……

现在家里还珍藏着爷爷当年的工作证和他与战友合影的一些老照片。看着照片上爷爷年轻俊朗的脸和飒爽的身影，我的心情久久不能平静。回想自己的祖辈，在那特殊的年代，用自己的一腔热血，报效国家，撰写了许多可歌可泣的故事。在网上我查到：

"中南 209 队"1964 年在韶关重组至今，经历了"文化大革命"，经历了工改兵、兵改工的历程。青海、西藏、新疆等地，都留下了 209 队的足迹，他们为国家找到了几十个铀矿床，创造了三个全国第一。

这是爷爷曾经为之奋斗过的队伍，这是一个伟大而坚强的集体。他们热爱祖国，他们把自己的生命贡献给了那个伟大的、激情的时代，燃放了一朵又一朵璀璨的铀花。

（2019 级初二 3 班　陈昭霖）

点评：小作者以时间为序，讲述了爷爷把青春和热血献给祖国核事业的一生。有生平叙述，有奶奶的讲述，也有网上查找的资料，内容翔实，多角度展现了爷爷美好的品质。结尾的抒情议论由个人到群体，点明了祖辈们的精神及其意义，升华了主题。爷爷当兵的照片极富年代感，对文本内容起到了极好的补充作用。（庄娇蓉）

成果例举

2 ｜ 我不是王融生

一个国家的历史，在未亲历者的眼中往往就是拥有伟力的巨人，是宏大的图景，但因为被禁锢于纸上或其他物件中，难免显得干枯。与之相比，个体的历史显得渺小，但富有人情，只是在意的人少之又少，而其中的细节也在一点点地被遗忘，直到最后只成为一片模糊的梦境，当事人离开之后，这梦境便再无人问津。

我问老人：如果不记录下来，这些事不就没有人知道了吗？老人说：那就让人们忘记吧。

（一）

祖父原名王融生，1947 年出生于福州，是家里的次子。曾祖父王振华，福建未解放时，在国民党执政下的一个县的保安团担任团长。曾祖父王振华读过书，写得一手漂亮的毛笔字。而关于曾祖母，则没有任何相关信息。

1949 年，中国共产党打赢了渡江战役，顺势解放了南方诸省。作为原国民党的一名军官，曾祖父无法抚养三岁的祖父，将他托付给福州当地一位工厂厂主张子方。当时的说法是帮助张家继承家业，因为张家当时没有男孩，而在今日看来，却是无力抚养的父亲将孩子卖了，希望孩子能有更好的生活。而过继的赡养金，是一百五十枚银元。

曾祖父在孩子转让的文书上这样写道："该子过继到张家后，张家不得虐待，转卖。若有纷争，须与王振华协商。"

但实际上，曾祖父再也没有机会见到自己的这个孩子了。作为国民党的一名军官，他在福建解放前便失去了音讯，或许是带着自己的长子远走他乡了。那时没有完善的户籍制度，改名换姓或许便能平淡度过一生。解放后，共产党对原政府官员进行了接收，曾祖父或许能艰难度过吧。

关于曾祖父最后的下落，我也只是根据祖父的讲述以及部分大背景下的资料进行的猜测，确切的是，曾祖父被迫离开了自己的孩子。因为中华的振兴，后人想起曾祖父的名字，这不能不说有点儿讽刺。

（二）

张亚樵。

这是祖父在张家的名字。作为过继来的孩子，虽然不是亲生的，但最开始一两年祖父的生活还算是容易，但直到 1954 年的某一天，祖父多了一个张家弟弟，自己在张家的地位也就低了许多。

但祖父艰难生活的开始，却不只是因为这个。

1954年公私合营，张子方失去了工厂的所有权，收入一下变得紧张了许多，难以维持家庭的生计。

在课堂上学习这一段历史时，我们总是站在国家的角度去想问题，而没有充分关注庞大集体中的某一个不起眼的细胞。面对时代大势，个体往往成为波涛中的茅草，没有任何的抵抗力。

张子方此时想到了自己一两年前过继来的孩子，在自己有了亲生儿子后，抚养这个过继来的孩子便成了负担，于是他联系到了自己一个在泉州的远房亲戚，有了过继这个孩子的想法。

当时祖父提到这儿，解释说因为政府换了，之前的承诺也就不那么在意了，况且张家那时候的生活状况确实很差。

那时的契约是没有法律依据的。

（三）

王若樵。

这是祖父再一次过继后的名字，也是祖父现在的名字。一位叫王启南的农民，用150元人民币作赡养费过继了祖父。在晋江王家，祖父有一个哥哥、一个姐姐、一个弟弟，哥哥和姐姐也都是过继来的——哥哥是一位华侨留下的，姐姐的情况则不甚明了。只有弟弟是王启南的亲生孩子。

1965年，为了减轻家中的负担，祖父参了军，成为一名铁道兵，在江西一带修铁路。

祖父说，那时太穷了，只有当兵才有饭吃。祖父的哥哥留在村里，后来当了村支书，弟弟则是普通的农民。

1970年，祖父退伍，被分配到了泉州永春的天湖山当了一名煤矿工人。后来，祖父当上了队长，也找过自己的亲生父亲王振华，而这一找，竟找到了17个王振华。至此，祖父便没有再怎么寻亲了。

茫茫人海，重逢如此难得，而重逢时也难再相认。

在煤矿上工作，祖父每个月能分到40斤大米，每个月结束，祖父都会把节省下来的大米背回老家。祖母说，在煤矿上工作没死就是捡到了一条命。祖父也曾工伤腰椎骨折。等到女儿长大了能接自己在矿上的班，祖父便退休回到了老家。正是在矿上，祖父遇到了自己的爱人。祖父也写得一手好毛笔字，一次为了救自己的矿友，失去了大半个右手手掌，再也写不了毛笔字了。

（四）

祖父原名王融生，但他不能再成为王融生了。历史流过，无论如何评价，再回首对当事人都只是梦境，而对于旁人，则只是没那么有意义的模糊光景罢了。

但倘若忘记历史，我将永远不知道自己是谁。

（2019级高二1班　王梓腾）

点评：祖父的一生充满心酸，祖父的生命史在某种意义上说就是个体在宏大历史洪流中的缩影。这篇家史能让人体会到历史的变迁。当我们以审视的眼光去观望这段历史，一种责任感和生命情怀油然而生。（钟祥彬）

成果例举

3 我的外公

一次回到外婆家，我偶然发现了橱柜里的一幅老照片，是年轻时的外公和一幢高耸的白色三层小楼房的合影。那时的外公虽身形清瘦，但在一套时髦西装的衬托下，显得英姿挺拔，那站立的样子，宛如晨曦，容光焕发。

这不也是外公现在的模样吗？我不禁感慨：都说时光是把"杀猪刀"，

如今已经六旬的外公是如何保持着长久以来的精气神的？难道他有"保养秘笈"？

外公出生在 20 世纪 60 年代的农村家庭，当年生活条件异常艰辛，家里人口又多，温饱都成问题，经常是有这一餐就没下一顿。年少的外公虽好学，但家庭的困苦无法支持他在求学的道路上继续前行，在小学五年级，便被迫辍学到镇上的一家制糖厂里做工，开始学着挣钱养家。

20 世纪 80 年代后，国家的一系列改革政策纷纷出台，嗅觉敏锐的外公离开了制糖厂，跟着镇里的一个工程队做事，工钱按日结。外公虽个头小，但干起活来手脚灵活，从不偷懒，还常常利用休息的时候找身边的工友请教、学习。聪颖好学的外公，很快便将一套工程的施工程序熟记于心。

改革开放的大潮为智慧、勤劳的人们创造了各种好机会，也给他们带来了巨大的福利。凭借着大好的发展形势和自己学到的建筑技术，外公自己动手，盖起了村里的第一幢自建楼房——就是照片中那幢三层小白楼。

开始动工那一天，消息传遍了整个村子，人们蜂拥而至，外公在一夜之间成了村里的"富人"。每天建筑施工，都有不少人来围观。近一年后，房子建好了，外公带着家人一起搬进了新家。因工作需要，外公又采买了一辆拖拉机，闲时便载着村里的人一起去赶集，孩子们坐在前面，大人则在后面挤着，场面那叫一个壮观。

年轻气盛的外公没有就此停止奋进的脚步。他说，时代在发展，我们农村也不能落后。"先富带动后富"的思想在外公心里扎了根，几个无眠的夜晚过后，一个大胆的想法在外公心里诞生了——组建一个村里的建筑工程队。他连夜叫来几个实干的村人，彻夜讨论出了方案。在外公的推动下，工程队开始接活了。凭借着扎实的工程技术和过硬的工程质量，外公的工程队在镇里有了名气。大伙儿的生活面貌，随着工程队业务的不断扩大，得到了明显改善。

几年过去了，村里焕然一新：一栋栋楼房如雨后春笋般拔地而起，取代了曾经的砖头屋，大伙们不再为温饱问题发愁，开始追求精神上的享受，晚饭过后出来唠嗑、下棋，村委会的文体活动也丰富多彩，逢年过节，村里的

"富人"们轮流请来戏班子,乐曲响彻整个村子的夜空……说到这儿,外婆咧开嘴,皱纹里荡漾着丝丝自豪,开心地说:"村里的第一台戏,可就是你外公请来的戏班子呢!"

时代的进步,也对人们提出了更高的要求。仅仅有干劲、能吃苦,已不能跟上发展的脚步。闽南人"爱拼才会赢"的精神特质,让步入中年的外公动起了新的心思:"如果施工和专业的设计能同步,那覆盖面不是更广,工程队不是可以又有新的提升了吗?"这个想法让外公兴奋了好几天。多方打听、了解后,外公报了一个建筑设计班。浓厚的求知欲,加上勤奋学习,外公终于拿到了建筑设计专业的大专文凭!从此,人生又上了一个台阶。

听着外婆激情四射地讲述外公的"奋斗史",看着她脸上骄傲的神情,我心中的自豪感油然而生,那是我第一次这么近地接触到一位普通的"伟人",这么真实地感受到平凡中的伟大,不禁对外公产生了空前的敬意。

原来,保持年轻的秘诀,就是不要停止奋进的脚步。如今,外公已经退休,舅舅也开始创业了,开了一家工厂。本以为外公要开始享清福了,没想到对他来说,工作仿佛就是他的乐趣。工厂在外公的指导下,小厂变大厂,技术不断创新,规模越来越大……家里的老房子也是改了又改,还修了个后花园出来——那是我每次都要去玩的地方,春天花儿开得茂盛,宛如朱熹笔下的"万紫千红总是春",这一切都出自外公之手——外公,总是不断为我们带来春一般的新生。

家是最小国,国是千万家。作为新时代的青少年,我要像外公一样,奋力书写属于自己的"家史",为自己的小家、为我们的"大家",贡献自己的智慧和力量。

(2020级初一5班 谢君宁)

点评:紧跟时代步伐,顺应改革浪潮,外公以敢于奋进、勇于突破的精神,脚踏实地,建立起自己的家业,延续着自己的家史,带着全村的人慢慢摆脱贫困,走向小康。这部家史,既是家的发展史,也是全村的进步史,见证了社会的进步、国家的发展。(朱宣凤)

圆圆的中秋

课程方案	
创意度中秋	（2021 年 9 月 14 日）

　　疫情防控，形势依旧严峻。居家学习，也可以过一个有创意的中秋节，让这个特殊的中秋，一样的亮，一样的圆。

　　创意之创，意在激活青春朝气，激发思维创新。

一、学校提供的创意项目

　　（1）创制一盏月光灯，废塑巧用。

　　（2）创新一道日常佳肴，见证事在人为，人为在于用心。

　　（3）创编一台月光剧，搜集有关诗词，让诗人复活于剧中。

　　（4）创设家庭月光晚会，考证设计能力。

　　（5）创作一首赏月诗，遥寄天宫空间站宇航员。

　　（6）创优班级管理建议，以提升班级成长力。

（7）创想一种学习方法，为同学提供借鉴。

（8）创立一种自己的行为方式，以改变不良习惯。

（9）创生智慧生活方式，提升生活、生命质量。

……

二、成果提交

（1）初中生不少于 600 字，高中生不少于 800 字，可附成果图片 2 张。返学前一天，由班长收齐后交给班主任。

（2）word 格式规范：稿件命名"班级＋姓名"；标题为小三宋体，标题下"班级＋姓名"为小四楷体；正文为小四宋体；行间距，1.25 倍。

三、成果展示与评选

（1）班级成果展示：主题班会上，每位同学通过 PPT 分享创意。

（2）按年段、班级对创新经验、建议与作品进行评估、评价，择优奖励。

（3）成果汇编成册，发给荣誉证书与样书。

（4）成果存入学生成长文档和学校文库。

成果例举

1 | 串 戏

人物：苏轼——诗人

　　　苏辙——苏轼弟弟

导演——中秋月光组导演

副导演——中秋月光组副导演

医生 A——医生组导演

医生 B、C、D、E

第一幕

（黑场。灯光亮起，音乐响起，苏轼一人举酒靠窗。）

苏轼：今晚的月亮可真圆啊！明月几时有，把酒问青天。

苏轼：（移步桌旁，潇洒提笔作词）不知天上宫阙，今夕是何年。

（舞台的另一端灯光亮起，天仙们登场，在旁起舞歌唱。）

苏轼：我欲乘风归去，又恐琼楼玉宇，高处不胜寒。起舞弄清影，何似在人间。

苏轼：（舞台另一端黑场，苏辙登场，苏轼走向舞台另一端，伸手，却无法与苏辙叙旧、拥抱）转朱阁，低绮户，照无眠。不应有恨，何事长向别时圆？

弟啊，我们已整整七年未相见，你可过得好吗，车马太慢，战乱纷飞，何时我才能再见你啊！

（中秋组导演上台，副导演随后。）

导演：不是这种感觉。（对苏轼说戏）眼前的苏辙是你的幻想，近在眼前却又无法得的愁苦没有到位！

苏轼：导演，我觉得我刚才情绪蛮好的啊。况且我又不是千年前的苏轼，又怎么能演出真的苏轼来！

导演：苏轼是个多么伟大的诗人，活生生被你演成寡人！

副导演：老师，我就觉得刚刚……

导演：（走开）没人问你。

导演：接下来你要进入的状态应该是释怀，前面的愁苦是铺垫！没有演好愁苦后面就演不好了！

苏轼：那你说怎么办？

导演：重排！

苏轼：从哪开始？

导演：从"转朱阁"开始。

（导演、副导演下。）

苏轼：（舞台另一端黑场，苏辙登场，苏轼走向舞台另一端，伸手）转朱阁，低绮户，照无眠。不应有恨，何事长向别时圆？

（另一剧组上，在后景。）

苏轼：（医生 A 靠近，苏轼语气激动起来）弟啊，我们已整整七年未相见，你可过得好吗，车马太慢，战乱纷飞，何时我才能再见你啊。

导演：（医生 B 和医生 C 搬了张桌子到舞台中央）后边在干什么！

（导演上，副导演随后。）

苏轼：唉，搞什么嘛！

医生 A：你是在和我说话？

导演：是呀！

医生 A：我请问一下你们在干什么？请你们把东西搬一搬，我们要排戏呀。

导演：你排什么戏呀？场地是我们租的。

医生 A：不不不不，这怎么可能呢？我们明天要正式公演呐！外面有一幅海报《医生》，我相信你们都看到了。

苏轼：医生就是你们哪！

导演：我不管是不是你们啊，场地是我们租的。

医生 A：我想一定是你们弄错了！真的，真的。大家快一点！我们时间来不及了，马上叫顺子去。顺子！（对苏轼）帮忙一下，动起来好不好？把东西搬一搬。

苏轼：你们不要开玩笑好不好？我们要排戏呀，你们搬什么东西呀？

医生 B：我想我们现在一定是有什么误会了，但是，还是请你们让开。

导演：老弟！场地是我们租的，你不要开玩笑好不好？

医生 B：你看我这样子像是开玩笑的吗？

苏轼：你们今天真订了场地吗？

医生 A：对，当然有哇！

苏轼：奇怪呀！场地是我们订的！

副导演：是呀，是我订的！

苏轼：（对副导演）你跟剧场怎么办的手续呀？

导演：你问她也没用！这个问题很简单哪！我去问一下剧场管理员不就行了吗！

袁老板：对对对！你去问一问就比较清楚了嘛！

导演：（边下场）当然要问，你等着看就好了！

（中秋组下）

第二幕

（医生组上道具，医生 B 与医生 C 刚刚结束值班。）

医生 B：唉，疫情怎么是越来越严重了呢，你说该不该去当志愿者啊！要是去了，今年又没法回家了，我已经好几年因为工作忙没回家了……

医生 C：（叹气）谁不是呢。

（医生 B 的电话响起）

医生 B：喂，妈，啊今年今年……（沉默）

（打完电话，领导上场。）

院长：想必都听说了吧，咱们这次啊，能出征的尽量出征，疫情愈加严重，国家与人民愈加需要我们！我带头，一起上！

医生 D：我报名！

医生 E：我也报名！

（越来越多的医生举起手，周围人的情绪高涨，医生 B 与 C 仍是沉默。）

（中秋组人走上，医生组突然发现。）

导演：今天非要把问题解决了。

医生 A：怎么解决？

医生 B：把人吓一大跳。

苏辙：慢慢说，我们排了好一会儿，一直在受干扰。

医生 A：受干扰不是我们的问题嘛！

苏轼：要想个办法解决嘛，是不是？

医生 A：怎么商量，怎么解决，你们现在根本不了解我的处境。我跟你说我现在是内忧外患，你懂不懂我的意思啊？啊，我好好一出抗疫剧，被你们弄得乌烟瘴气的！

导演：好，老弟！你不说我还不好意思说。我看你的抗疫剧，我好痛心哪！我最崇拜医生了！

医生 A：好好好，没有关系，没有关系。你不讲我也不讲。我看你的苏轼我很想笑！

苏辙：到底怎么样？总得想个办法解决嘛！

医生 A：解决？怎么解决？我现在时间根本不够。我来不及了你懂不懂啊？

苏轼：我们也来不及了呀！

医生 A：好好，没有关系，你不要急嘛，好不好。我们这样办好不好？我们把舞台分成两半，我们在那半排戏，这半你们看该怎么办怎么办。

导演：什么？一半一半，没听说过。

苏辙：就这样吧！（拉导演下）

导演：这怎么可以呀？

第三幕

（分场地，黑灯。）

医生 B：（在场上徘徊）唉，你说该怎么办呀，好多人都报名了，只剩下咱们，面子上挂不住啊，可是……

医生 C：谁说不是呢！一边是国，一边是家。

医生 B：这才叫左右为难啊！

苏轼：（无奈地摇头，感叹）人有悲欢离合，月有阴晴圆缺，此事古难全。

医生 B：（愣了愣，跟着念）"人有悲欢离合，月有阴晴圆缺，此事古难全"？（恍然大悟，对医生 C 说）你觉不觉得他说得有道理？

医生 C：啊？什么？

医生 B："此事古难全"啊！人终究是要向前看啊，再去抱怨，又有何用呢。

导演：（生气地）串了串了！

医生 C：（若有所思）也是哦！本来就难周全！

医生 B：那就先国后家！我决定了，出征！和大家一起！

医生 C：我也决定了！为人民服务！

导演：（生气地喊）串了串了！没听到我说什么吗?

医生 B：（置若罔闻，拨通妈妈的电话）喂！妈，再等等我，等这次疫情过去了，我一定回家看您！希望在大家的共同努力下，越来越多的家庭能够团圆！

苏轼：（释怀一笑）"但愿人长久，千里共婵娟"啊！

医生 B：（深情地）对，要长长久久的！

医生 C：（深情地仰望月空）对，相隔千里也能共婵娟！

医生 B：（跟着深情地仰望月空）大家一起努力，让更多的家庭能平平安安，吃月饼赏月，吃团圆饭！

导演：（生气地无奈地）串了串了！

苏轼、医生们：（齐声）串了好啊！串起了月光，串起了每一个中国人，串起了国与家！但愿人长久，千里共婵娟！

（2019级高二2班　蔡宜昕）

成果例举

2 | 新"六一居士"

蓦然间，似乎自己的耳边猛地扔下来了一挂鞭炮，惊天声响传来。疫情也在福建、在身边蔓延。于是，已经久违的居家学习又开始了。

一　书

居家学习的第一天，刚起头，就要有个好的开始。晨读吧！沐浴着温暖的阳光，我拿起书，坐在对着窗的书桌前。随着光斑一点点爬上书页，不知不觉已读了不少。起身简单收拾之后将书摆好，圆圆的计时器旋好时间，坐下。房间中，只有时间流逝的声音，"滴答滴答"，跳跃着向前。笔于书页间舞动，发出轻柔的沙沙声。一时间，连窗外鸟儿好似也停止了歌唱，留给我一片安静的空间。

一 筝

笔的舞蹈不知何时停止了。我到客厅喝几口水，无意间看见古筝静静地躺在一边。刚好要休息会儿，便走上前去，带好古筝指甲。我已经过了十级，主要都是复习之前的曲子。一时兴起，选了一首《春到湘江》来弹。听着优美的乐曲从指尖流淌而出，眼前不由得出现了湘江江面宽阔、潮水欢腾涌动的景象。那是一幅美好的春图，拥有着春来时的一切活力与生机。弹着、听着，心中不由得升起希望——就像冬天会尽，春天会来，一片欢悦的返校之景，也将会在严冬般的疫情之后载满活力而来吧！

一 舞

午神悄然降临。吃完午饭，破解了一道难题，心中正欢喜，就听妈妈在客厅里叫我。过去一看，原来是一段关于为抗疫加油的手语舞。我兴致正高，立马学了起来。不一会儿，就能有模有样地比画了。弟弟才两岁，不懂什么，看着我比动作，嘴里胡乱唱着，手舞足蹈着，我和爸爸妈妈都忍俊不禁。最后我加上音乐表演给爸爸妈妈看，妈妈竖起了大拇指："棒！"

一 勤

下午充实忙碌。书本杂乱地堆在书桌两边，高大的书堆山一般夹着中间连手臂都伸展不开的狭小区域，而我就在里面写着作业。终于把最后一题做完了，放下笔，看着毫无整齐可言的书桌，已全然没有了攻克难题后的喜悦。一片狼藉的书桌，带来的只有烦躁。于是，我开始收拾桌面，书一本一本放回它们原本的位置。行，好了。我擦了擦头上的汗。书桌干净整洁多了。可供我书写的地方，也变得宽敞。

一实验

收拾书的时候，一道亮丽的蓝色闯进了眼里——是一本科学游戏书。猛然记起来几天前曾跟爸爸一起做过"制作食盐晶体"的实验。那装有实验材料的盘子正在阳台上放着呢！跑过去一看，嘿，原本放着盐水的盘子里居然真的出现了四方形的食盐晶体。真是不可思议！我把这件事告诉爸爸后，经过爸爸的讲解，我这才了解了原理。

一少年

看看《新闻联播》，再翻翻书，晚上的时光轻松而又悠闲。我这个小小少年度过了初中居家学习充实忙碌的第一天。在未来居家学习的日子里，一定还有更多美好的事情等待着我体验吧。加油，少年！

集古录一千卷，藏书一万卷，有琴一张，棋一局，酒一壶，一翁老于其间。欧阳修因而自号"六一居士"。彼时欧阳修，有属于自己高雅、怡然的生活方式，而今我也有独属于自己的一书、一筝、一舞、一勤、一实验、一少年的居家模式，心儿好像就此解锁了呢！这解锁后的生活，一定会使我居家守学的日子变得丰富多彩！

（2021 级初一 5 班　李姗）

3 | 学生，亦是匠人

有一本叫《匠人精神》的书，讲到成为一流工匠需要守、破、离。感觉很巧合，这三个字很好地概括了我的学习方法。

守——意味着长久等待和超常吃苦。脚踏实地，用实际行动引领自己前行。课上专注听讲，课后认真完成作业，及时梳理复习。每一件事，不论大小，都要尽力做到最好，并且在时间的流逝中，依然能守住一开始的热情与执著，一步一个脚印，不畏困难，每一个好习惯都牢牢守住并不断改进。

破——意味着在突破和完善中超越。这是工匠精神的核心：精益求精。学习上，对自己要有高标准、严要求。在把每一点日常都做好的前提下，不断完善自己构建的专属于自己的知识体系，把每一个知识点掌握得更牢固。同时，查缺补漏，补齐自己的短板，迎接新的挑战，突破自己的上限。

离——意味着寻求新发现。学习的时候，不应只局限在课本知识，最好能把自己的思维发散开来，前后左右的知识点融会贯通，不同的学科相辅相成，而书本上的知识也可以与日常生活产生联系，这样一来，就会有很多新发现，并且可能所收获的就不仅仅是课本上的白纸黑字了。

守、破、离是"匠心之道"，而我认为，它也可以是学习的指南，助力我们更好地获取更多知识，不断攀向知识、思想的更高峰。而于此之外，我想，我们还应该把目光放长远，培养积极的价值观，不局限于眼前小利，像大国工匠一样，争取为国家贡献自己哪怕十分绵薄的一份力量。

（2019级高二1班　柯雨虹）